Ronald Barazon

KAMPF DEM KAPITALISMUS

Ronald Barazon

KAMPF DEM KAPITALISMUS

ecowin

Ronald Barazon
Kampf dem Kapitalismus
Salzburg: ecowin Verlag, 2006
ISBN-13: 978-3-902404-30-5
ISBN-10: 3-902404-30-2

Unsere Web-Adresse:
http://www.ecowin.at

1 2 3 4 5 / 08 07 06

Lektorat: Arnold Klaffenböck
Covergestaltung: www.adwerba.at (Stefan Enzinger)

Gesamtherstellung: Druckerei Theiss GmbH, A-9431 St. Stefan, www.theiss.at
Printed in Austria

Der Kapitalismus beruht auf dem Liberalismus, der die freie Entfaltung des Einzelnen postuliert und den Einfluss des Staates und jeder anderen Obrigkeit limitiert sehen will. Diese Freiheit des Einzelnen bedingt aber, dass der Einzelne von sich aus Grenzen berücksichtigt, Maß hält, eine Kultur entwickelt und pflegt, die die Freiheit auch rechtfertigt. Der Kapitalismus setzt sich über diese Grenzen hinweg und muss daher bekämpft werden.

Inhaltsverzeichnis

Der Tanz um das Goldene Kalb

Die Meldungen aus der Wirtschaft vermitteln den Eindruck eines weltweiten Tanzes um das biblische Goldene Kalb. Millionen und Milliarden sind offenbar frei zur Verfügung und werden von Nachfahren sagenhafter Gestalten wie König Midas in wunderbarer Weise bewegt und vermehrt. Diese Botschaften werden allerdings prompt von erschreckenden Nachrichten korrigiert.

Die Titelseiten der Zeitungen zieren in kurzen Abständen Bilder von US-amerikanischen Managern in Handschellen. Bezieher von Millionengagen erweisen sich als banale Diebe, die in die Kassa der Unternehmen greifen, für die sie die Verantwortung tragen. Es ist in manchen Fällen tatsächlich ein schlichter Griff in die Kassa, meist allerdings werden komplizierte Finanzkonstruktionen gebaut, die nur die empörende Grundtatsache kaschieren sollen. Das Phänomen ist keine US-amerikanische Spezialität. Manager, die zwischen ihrem Gehalt und dem Firmengeld nicht unterscheiden können, gibt es überall. Die Fratze des Kapitalismus?

Eindrucksvoller noch als Manager in Handschellen prägen sich die Bilder hunderter brennender Autos in Frankreich ein. Die Verzweiflung der Jungen aus den Vorstädten, die keine Existenz haben und auch keine Hoffnung, eines Tages aus dem Elend ausbrechen zu können, macht sich Luft. Während in den Luxusrestaurants von Paris der Wohlstand wie selbstverständlich zelebriert wird, herrscht einige Meter weiter bittere Not. Ein anderes hässliches Gesicht des Kapitalismus?

In Moskau wird bereits ein Abendessen um 2.000 Euro pro Person angeboten. Der Betrag ist nicht das Ergebnis eines Druckfehlers, sondern die Antwort auf den unglaublichen Reichtum der neuen russischen Führungsschicht. Neu ist dabei in vielen Fällen das falsche Wort. Die Machthaber in der früheren Staatswirtschaft haben unter dem Titel „Privatisierung" geschickt attraktive Unternehmen in ihren Besitz gebracht und den verrotteten Apparat dem neuen Russland überlassen. Während einigen wenigen kein Essen, kein Urlaub, kein Auto zu teuer ist, hungern Millionen und wissen nicht, wie sie sich aus dem Elend befreien sollen. In der kommunistischen Ära wurden der Kapitalismus und der Reichtum des Westens zum Traum. Heute erleben die meisten Russen den Kapitalismus als Alptraum.

In Brüssel werden gleichermaßen konservative wie sozialdemokratische Politiker nicht müde, wenn es darum geht, Bekenntnisse zu den kapitalistischen Idealen abzulegen. Da ist ständig von Marktwirtschaft, freiem Wettbewerb und der Bekämpfung schädlicher Staatseinflüsse die Rede, davon, dass Europa im internationalen Vergleich durch Wissen und Leistung die Konkurrenz schlagen werde. Tatsächlich ist das Wachstum seit langem gering und die Arbeitslosigkeit hartnäckig hoch. Das Versagen des Kapitalismus?

Eine paradoxe Schlussfolgerung. In den USA werden zwar gelegentlich Manager in Handschellen abgeführt, verharrt ein Teil der Bevölkerung in Armut, doch überzeugen die Ergebnisse: Das Pro-Kopf-Einkommen im Schnitt ist hoch, das Wachstum beständig, die Arbeitslosigkeit gering. Gibt also doch der Kapitalismus die richtigen Antworten?

Welcher Kapitalismus? China erlebt seit einigen Jahren einen ungeheuren Aufschwung. Die Zuwächse sind derart stark und werden so rasch erzielt, dass die Rohstoffmärkte phasenweise leer gefegt werden und in der Folge die Preise explodieren. Manager aus Europa und den USA bekommen leuchtende Augen, wenn sie von den Möglichkeiten in China schwärmen. Gleichzeitig verschärft die chinesische Führung die Kontrolle der Bevölkerung und unterbindet demokratische Bewegungen: China ist nach wie vor eine kommunistische Diktatur, in der die Äußerung kritischer

Meinungen mit Gefängnis bestraft wird. In China sehen kommunistische Diktatoren zu, wie Kapitalisten zur Entwicklung des Landes beitragen und behalten sich vor, in ihrem Sinne unliebsame Entwicklungen zu unterbinden. Wie dies schon 1989 geschehen ist, als die Studenten in Peking glaubten, in einem freien Land zu leben und in der Folge die Armee den Demonstrationen am Tiananmen brutal ein Ende setzte. Folgen also die chinesischen Kommunisten dem Lenin-Wort, wonach die Kapitalisten in ihrer Geldgier noch den Strick Gewinn bringend verkaufen, an dem sie aufgehängt werden sollen? Geht es Kapitalisten ausschließlich um den Profit und ist ihnen nicht klar, dass die kapitalistische Wirtschaftsform nur in einer Demokratie funktioniert?

Ist Afrika das Schulbeispiel, wohin der Kapitalismus führt? Die Frage verblüfft, da Afrika im Bewusstsein der kapitalistischen Welt nicht gegenwärtig ist. Der Kontinent im Elend, in dem Krankheit und Armut regieren, wird möglichst nicht zur Kenntnis genommen. Dabei ist der erschütternde Zustand nicht zuletzt eine Folge des Kolonialismus, der die Traditionen zerstört hat. Nach der Befreiung waren viele Länder nicht in der Lage, tragfähige Strukturen zu entwickeln. Der Kolonialismus wird landläufig nicht als Kapitalismus verstanden, sodass der Hinweis auf Afrika unpassend erscheint.

Besteht aber nicht der Lebenstraum des Kapitalisten darin, einem Kolonialherrn gleich, in einem feinen Club in London dem Müßiggang zu frönen, während im fernen Indien oder Afrika die Eingeborenen schuften? Woran denken die Golfspieler in New York, die Gourmets in Pariser Nobellokalen und die Genießer in den Moskauer Exklusivzirkeln? An die Funktionsweise der Marktwirtschaft, an die vielfältigen Auswirkungen eines lebendigen Wettbewerbs, an die Notwendigkeit eines hoch entwickelten Finanzmarkts? Oder doch nur an ihr gutes Leben, wie immer sie diesen Begriff definieren mögen?

Theorie und Praxis haben gezeigt, dass die Gier ein wesentlicher und notwendiger Wirtschaftsfaktor ist. Alle Einzelpersonen, die nach Reichtum streben und die auch die Gelegenheit haben, dieses Streben auszuleben, ergeben eine reiche Volkswirtschaft. Diese Erkenntnis wird problemlos aufgegriffen und als willkommene Legitimierung des eigenen Egoismus begrüßt. Ist aber der Egoismus, der Tanz um das Goldene Kalb allein schon Synonym für Kapitalismus?

Dann wären alle macht- und geldgierigen, menschenverachtenden Potentaten der Geschichte in den verschiedenen gesellschaftlichen oder wirtschaftlichen Systemen als Kapitalisten anzusprechen. Was ist Kapitalismus?

„Kapitalismus“ – nur eine leere Worthülse?

Etwa seit Mitte der neunziger Jahre verbreitet sich in Europa die Überzeugung, dass Wirtschaftspolitik überflüssig sei. Wirtschaftspolitik stelle nur einen staatlichen Eingriff dar und staatliche Eingriffe seien jedenfalls zu verurteilen. Die Politik strapaziert die Begriffe Liberalismus, Kapitalismus, freie Marktwirtschaft und predigt die Überzeugung, dass jeder selbst zu schauen habe, wie er sich im Wettbewerb behauptet. Gelingt das dem Einzelnen nicht, so sei dies einzig und allein sein Problem. Bestenfalls könnten in Extremsituationen öffentliche Einrichtungen helfen. Allerdings wird auch dieser Hinweis vom Verdacht begleitet, dass ohnehin in erster Linie Schmarotzer das Sozialsystem missbrauchen.

Mit dieser Haltung sollte in Europa der Schlendrian einer übertriebenen Politik der sozialen Absicherung ausgetrieben und Raum für den frischen Wind des Wettbewerbs geschaffen werden. Das Gegenteil ist eingetreten: Europa bleibt im internationalen Wettbewerb zurück, die Zahl der Firmenpleiten ist erschreckend, die Arbeitslosigkeit erreicht Rekordwerte. Angesichts dieser Tatsachen würde, so sollte man meinen, die Politik innehalten und über eine Richtungsänderung nachdenken. Davon ist nicht die Rede. Im Gegenteil, die Politik macht weiter, als ob die Probleme nicht existierten.

Kritik ist sehr wohl zu hören. Diffus wettern die Kritiker gegen den Neoliberalismus, den Turbokapitalismus und gegen die Globalisierung. Eine konkrete Alternative zur aktuellen Politik wird nicht angeboten. Vielmehr entwickelt sich eine Art Nostalgie, dass doch früher, also bis in die neunziger Jahre, alles besser gewesen sei. Tatsächlich vermitteln aber auch die Kritiker ein Bild der Resignation. Als ob man sagen wollte, dass zwar früher alles besser gewesen sei, man aber die aktuellen Probleme ohnehin machtlos hinnehmen müsse.

Hier scheint eine allgemeine Begriffsverwirrung den Blick für die Probleme und die möglichen Lösungen zu trüben. Fraglich ist, ob die europäische Politik tatsächlich Liberalismus, Kapitalismus und freie Marktwirtschaft realisiert. Ebenso fraglich ist, ob die Maßnahmen, die vor zwanzig und dreißig Jahren umgesetzt wurden, tatsächlich so gut waren, wie sie in der Erinnerung wirken und ob diese Maßnahmen heute hilfreich wären. Womit auch die Frage nach der Definition der sozialen, also der liebenswürdigen, der besseren Marktwirtschaft zu stellen ist.

Das Wort „Kapitalismus“ sei stellvertretend für die vielen Schlagworte genommen, die derzeit die Wirtschaftspolitik charakterisieren, kein klares Konzept vermitteln, aber schlicht über die Ablehnung des Sozialismus definiert werden.

Das Wort „Kapitalismus“ hat eine besondere Eigenschaft. Es wird selbstverständlich verwendet, hat aber keine klare Definition. Mehr noch: Die Einschätzung hat sich in den vergangenen Jahren deutlich geändert. Wurde Kapitalismus vor allem in Europa lange negativ bewertet, so bekam das Wort in den achtziger und neunziger Jahren eine positive Note. Im Gefolge trat der so genannte, nicht klar fassbare Kapitalismus einen Siegeszug an. Nach der Jahrtausendwende begann die Begeisterung für den Kapitalismus wieder zu sinken, die negativen Stimmen wurden zahlreicher und lauter.

Hier ist bewusst vom „Wort“ Kapitalismus und nicht von einem Begriff die Rede, der ein in sich schlüssiges Konzept zum Ausdruck bringt. Die Auseinandersetzung mit dem Kapitalismus könnte diesen Mangel beheben und für eine fassbare Definition sorgen, die die Bezeichnung „Begriff“ verdienen würde. Die Analyse muss sich auf die Erscheinungsformen konzentrieren, hinter denen ein Konzept deutlich werden sollte.

Eine entscheidende Erscheinungsform ist der Fetisch-Charakter, den der Kapitalismus allerdings nicht aus sich selbst bezieht. Vielmehr wurde der Kapitalismus zum Ideal hochstilisiert angesichts des kläglichen Zusammenbruchs des Marxismus und der Schwächen des Sozialismus, die sich stets als Gegner des Kapitalismus positioniert haben. In diesem Zusammenhang spielt der Umstand, dass Karl Marx den Begriff „Kapitalist" im Sprachgebrauch und in der Literatur verankert hat, eine entscheidende Rolle. Politisch, wirtschaftlich und gesellschaftlich, vor allem aber in der Kommunikation wurde etwa folgende Formel wirksam: Nachdem das Konzept der Feinde des Kapitalismus sich als Irrweg erwiesen hat, musste wohl der Kapitalismus selbst den richtigen Weg bilden.

In diesem Wechselspiel bekam der ohnehin nicht klar definierte Kapitalismus eine Eigenheit des Marxismus zugewiesen: Er wurde zur Religion, zum Glaubensbekenntnis, das nicht in Frage zu stellen ist. Im Namen des Kapitalismus werden nun unwidersprochen Thesen vertreten, die logisch nicht haltbar sind und in der praktischen Umsetzung nachweisbar Schaden anrichten. Wenn hier vom „Kampf gegen den Kapitalismus" die Rede ist, so ist die Ablehnung einer Wirtschaftsreligion gemeint, mehr noch die Ablehnung jeder Wirtschaftsreligion. Der Adressat ist der diffuse Kapitalismus, weil er die derzeit bestimmende Glaubensrichtung ist. Der Kampf gilt in gleicher Weise allen anderen zu Religionen aufgewerteten Ismen, vom Marxismus bis zum Monetarismus.

Wie bei allen Religionen haben auch die Vertreter der Wirtschaftsreligionen die gefährliche Neigung, ihre Ansichten für die absolute Wahrheit zu halten und die Gegenmeinungen jedenfalls für falsch, meist aber auch für gefährlich zu erklären. Wie bei den Gottesreligionen gilt auch hier, dass das einzig gefährliche Phänomen in der Intoleranz besteht: Nur die Einsicht, dass niemand die Wahrheit gepachtet hat, bildet die Voraussetzung für erfolgreiches Wirtschaften. Wie auch bei den Gottesreligionen nur die Suche nach Gott, nach der Wahrheit akzeptiert werden kann: Jede Religion bietet einen Weg an, keine kann für sich in Anspruch nehmen, die endgültige, die absolute Wahrheit zu besitzen, aber fast alle Theologien haben diese Selbstüberschätzung.

Auf dem Weg zum neuen Kapitalismus

Verschiedene, meist nur ansatzweise ausgearbeitete Thesen bestimmen derzeit im Namen des Kapitalismus die öffentliche Diskussion. Ausgehend von den plakativen Äußerungen gilt es, die Vorteile und die Schwächen der aktuellen Wirtschaftsentwicklung aufzuzeigen.

Alle Anzeichen sprechen dafür, dass der Kapitalismus neu definiert werden muss, dass eine neue Etappe in der Geschichte der kapitalistischen Wirtschaft begonnen hat, die eine Überprüfung der wirtschaftspolitischen Instrumente erforderlich macht.

Vorweg sei das grobe Gerüst einer Historie des Kapitalismus skizziert.

Die erste Phase prägte die zweite Hälfte des neunzehnten Jahrhunderts: Die freie Entfaltung der Unternehmer, die auch zum Entstehen der Begriffe „Kapitalismus" und „Kapitalist" geführt hat, dominierte. In dieser Periode bestimmte in erster Linie der Wettbewerb das Geschehen, die Arbeitnehmer mussten zu geringen Löhnen und unter katastrophalen Bedingungen arbeiten.

Als zweite Periode kann die Zeit zwischen den beiden Weltkriegen 1918 bis 1938 angesprochen werden, die sich in zwei Etappen gliedert: in die Zeit bis zur Wirtschaftskrise 1929–1932 und in die Zeit danach. Die erste Etappe folgte der Theorie, dass der Staat schuldenfrei im Hintergrund zu agieren habe, dass die freie Entfaltung der Marktkräfte für Wohlstand und Vollbeschäftigung sorge. Angesichts der Wirtschaftskrise rückte die Rolle des Staates als Korrektiv für wirtschaftliche Probleme in den Vordergrund.

Die Zeit von 1945 bis 1995 könnte als Periode der sozialen Marktwirtschaft bezeichnet werden, in der die Entfaltung der freien Kräfte des Marktes, somit die Marktwirtschaft, bestimmte, aber der Staat korrigierend eingriff, um soziale Härten zu vermeiden. Eine Art „policy mix" erwies sich als außerordentlich erfolgreich. Während in den beiden ersten Perioden die Entwicklung in den USA und in Europa in etwa parallel verlief, dominierte in der Zeit von 1945 bis 1995 in den USA der freie Markt und der soziale Aspekt trat in den Hintergrund, in Europa hingegen war tatsächlich die im Begriff soziale Marktwirtschaft ausgedrückte Kombination bestimmend.

Die historischen Etappen markieren auch den Einfluss der bestimmenden Theorien. Die Vorteile der freien Marktwirtschaft, in der Angebot und Nachfrage einer „unsichtbaren Hand" gleich wirken, und die Notwendigkeit einer arbeitsteiligen Wirtschaft machte der schottische Philosoph und Wirtschaftstheoretiker Adam Smith (1723–1790) deutlich. Sein Hauptwerk, „Der Wohlstand der Nationen", bildet bis heute ein Standardwerk der Volkswirtschaftslehre.

Die Auswüchse einer hemmungslosen Ausnützung der Möglichkeiten eines freien Marktes riefen Karl Marx (1818–1883) auf den Plan, der den Gegensatz zwischen Kapitalisten und Proletariern als historisch notwendigen Klassenkampf verstand. Dass die Worte „Kapital" und „Kapitalismus" die politische Diskussion bestimmen, ist auf seine Wortwahl und den Titel seines Hauptwerks „Das Kapital" zurückzuführen.

Die Wirtschaftspolitik der zwanziger Jahre kann als Umsetzung der liberalen Konzepte im Sinne von Adam Smith gesehen werden. Diese Beurteilung ergibt sich im Rückblick, da sich in den dreißiger Jahren die Linie des britischen Denkers John Maynard Keynes (1883–1946) durchsetzte, der die Ansicht vertrat, dass der Staat in wirtschaftlich schwierigen Phasen für Nachfrage zu sorgen hat und dabei auch Budgetdefizite und Schulden in Kauf nehmen soll, die er in Perioden guter Konjunktur wieder abbauen muss. Die in seinem 1936 erschienenen Hauptwerk „The General Theory of Employment, Interest and Money“ zusammengefassten Thesen prägten Jahrzehnte hindurch die Wirtschaftspolitik. Keynes argumentierte unter dem Eindruck der Wirtschaftskrise und des Börsenkrachs im Jahr 1929.

Sein stärkster Gegner war der österreichische Ökonom Friedrich August von Hayek (1899–1992), der vehement die von Keynes vertretenen Ansichten und dabei vor allem jeden Staatseinfluss ablehnte. Als bedingungsloser Vorkämpfer des freien Marktes wurde Hayek auch zum bedeutendsten Vertreter des Neoliberalismus. Der Gegensatz zwischen Hayek und Keynes wie auch die strikte Ablehnung von Staatsdefiziten durch die Wirtschaftspolitik der zwanziger Jahre hat zur vereinfachenden Formel geführt, die erste Hälfte der Zwischenkriegszeit sei vom Liberalismus geprägt gewesen. Eine Deutung, die Hayek ablehnte und die Ursachen für die Wirtschaftskrise vielmehr in einer ungenügenden Anwendung der liberalen Konzepte ortete.

Der angesprochene „policy mix“ der Zeit nach 1945 bildete eine Kombination aus den Bekenntnissen der Liberalen zum freien Spiel der Marktkräfte, der Anerkennung der Möglichkeiten des Staates, die Nachfrage zu stützen, und der Beachtung sozialer Anliegen. Drei Persönlichkeiten haben entscheidend die soziale Marktwirtschaft geprägt: Ludwig Erhard (1897–1977), deutscher Wirtschaftsminister von 1949 bis 1963 und als „Vater des deutschen Wirtschaftswunders“ der Nachkriegszeit gefeiert, sowie die Nationalökonomen Alfred Müller-Armack (1901–1978) und Walter Eucken (1891–1950). Charakteristisch für den „policy mix“ ist die Tatsache, dass Euckens Werke mit dem Begriff „Ordo-Liberalismus“ charakterisiert werden.

Bereits in den achtziger Jahren und vollends in den neunziger Jahren setzte sich vor allem in Europa die Ablehnung von Keynes durch, der für die überbordenden Staatsdefizite verantwortlich gemacht wurde. Dass Keynes sich nie für ständige und ständig wachsende Staatsschulden ausgesprochen hatte, spielte in der mit

Schlagworten geführten Debatte keine Rolle. Keynes befindet sich dabei in bester Gesellschaft. Auch Adam Smith, der als Kronzeuge für den freien Markt gilt, hat sehr wohl auch die Bedeutung des Staates in seinen Schriften betont. Unbeschadet der in den Texten festgehaltenen Differenzierungen wurde in den neunziger Jahren das Ende des so genannten Keynesianismus ausgerufen und der Liberalismus wieder entdeckt. Die hohen Staatsschulden der Industrieländer waren dabei nur ein Auslöser. Der Zusammenbruch der kommunistischen Staatswirtschaften Ende der achtziger Jahre und der Siegeszug der Globalisierung wurden ebenfalls als Signale für eine Wende gewertet: Jetzt sei die Zeit für eine tatsächlich freie Entfaltung der Marktkräfte ohne jeden staatlichen Eingriff gekommen.

Betrachtet man die bestimmende Geisteshaltung, so erscheint das viel strapazierte Wort vom Siegeszug des Neoliberalismus angebracht. In der Praxis wirkt ein Gemenge der verschiedenen Theorien, ohne dass ein Konzept ersichtlich wäre. Es gilt, die Faktoren aufzuzeigen, die die Wirtschaftspolitik und die Wirtschaft tatsächlich bestimmen sowie aus den Wirkungen und Problemen eine Orientierung abzuleiten.

Es ist kaum anzunehmen, dass Konzepte der Vergangenheit oder fertige Theorien in ihren ursprünglichen Ausprägungen befriedigende Antworten liefern können. Diese Annahme ist mit einem Blick auf die Zeit nach 1945 zu begründen. Diese Phase wird gerne verklärt und die Erinnerung führt immer wieder zur Frage, warum der damals herrschende Wohlstand und die zeitweilig erreichte Vollbeschäftigung verloren gegangen sind. In Europa wirkten nach dem Zweiten Weltkrieg mehrere Faktoren, die heute nicht mehr gegeben sind: Der Kontinent war zerstört, der Wiederaufbau sorgte gleichsam automatisch für Wachstum und somit für steigenden Wohlstand. Die Staaten waren durch Grenzen, Zölle und Devisenbeschränkungen abgeschirmt, die eine nationale Wirtschaftspolitik ermöglichten. Heute müssen Antworten gefunden werden, die einem hohen Entwicklungsstand der europäischen Wirtschaft und der Globalisierung Rechnung tragen. Und dafür sorgen, dass Europa den Vergleich mit der nun schon seit sechzig Jahren einen anderen Weg beschreitenden US-Wirtschaft besteht.

Als erste Orientierungshilfe für die Suche nach dem Konzept für einen neuen Kapitalismus, einer neuen Marktwirtschaft seien die Schlagworte gewählt, die den aktuellen Kapitalismus prägen.

Der Gewinn als Wundermittel

Der Gewinn bildet das oberste Ziel des wirtschaftlichen Handelns. Mit diesem Satz könnte man in etwa eine der entscheidenden Maximen des Kapitalismus formulieren.

Das Bekenntnis zum Gewinn stellt auch tatsächlich eine wesentliche Voraussetzung für den Erfolg jeglichen wirtschaftlichen Handelns dar. Diese aus der Sicht der Betriebswirtschaft selbstverständliche Tatsache wurde von Marxisten und Sozialisten in Frage gestellt. Somit musste viele Jahre hindurch Aufklärungsarbeit geleistet werden, um den Gewinn als unverzichtbaren Faktor im öffentlichen Bewusstsein zu verankern. Diese Bemühungen waren von Erfolg gekrönt, wobei der Erfolg getrost als übertrieben bezeichnet werden kann. Wurde früher die Notwendigkeit des Gewinns in Frage gestellt, so wird der Gewinn heute als Fetisch gleichsam angebetet.

Die Argumentation in der Phase der Bekämpfung sozialistischer Illusionen musste notgedrungen einfach sein. Die Botschaft lautete schlicht: Unternehmen, die ihre Ausgaben nicht selbst decken können, müssen aufgeben. Ein genau ausgeglichenes Ergebnis ist nicht möglich, lebenswichtig ist daher immer ein Überschuss. Überschüsse sind zudem erforderlich, um Investitionen zu finanzieren. Der Staat kann diesen Unternehmen letztlich nicht helfen, weil Zahlungen des Staates nur zu Lasten anderer Unternehmen gehen. Eine länger dauernde Subvention schadet der Gesamtheit und verhindert, dass das betroffene Unternehmen sich um eine Sanierung bemühen muss.

Mit diesen bereits banal klingenden Botschaften glaubte man, den Umgang mit dem Begriff „Gewinn“ nachhaltig auf eine solide Basis zu stellen. Heute zeigt sich, dass es nicht genügt, das

Wort „Gewinn“ positiv zu besetzen. „Gewinn“ braucht eine Definition, muss zum Begriff werden, dessen Bedeutung differenziert verstanden wird. Dieses Anliegen ist schon für sich genommen nicht einfach zu definieren und noch schwerer einer breiten Öffentlichkeit verständlich zu machen.

Das wohl größte Problem dabei bildet die immer wieder aufzufrischende Erinnerung an die Notwendigkeit, den „Gewinn“ als unverzichtbar im allgemeinen Bewusstsein zu verankern. Stellt man nun den Gewinn, wie er derzeit vielfach verstanden wird, in Frage, so muss man unweigerlich mit unerwünschtem Applaus rechnen: Die Anhänger sozialistischer Träume vom Wirtschaften ohne Gewinn wittern prompt eine Bestätigung ihrer Illusionen.

Wie viel Geld kann aus einem Unternehmen herausgepresst werden?

Gewinn wird derzeit vielfach verstanden als die Antwort auf eine einfache Frage: „Wie viel Geld kann mit einem Betrieb erwirtschaftet werden?“ Dieses Grundmuster ist, für sich genommen, noch keineswegs kritikwürdig. Die Formulierung gibt allerdings eine weit verbreitete Einstellung nicht angemessen wieder. Die Frage kann auch anders ausgedrückt werden: „Wie viel Geld kann aus einem Unternehmen herausgeholt, herausgepresst werden?“ Und dann entstehen Probleme. Zu beachten ist, dass diese Fragestellung in den Vordergrund rückt, weil die Anleger existierende Unternehmen als gegebene Größe betrachten. Dass es sich dabei um lebendige Organismen handelt, die nur bestehen können, wenn sie ständig neue Produkte, neue Dienstleistungen auf den Markt bringen und kontinuierlich ihre Strukturen anpassen, findet dabei weniger Beachtung.

Das Bekenntnis zu Gewinn besagt unter diesen Umständen vor allem, dass ein Unternehmen effizient geführt werden muss, somit alle Rationalisierungsreserven zu nützen hat. In die Praxis umgesetzt bedeutet diese theoretische Vorgabe die Forderung nach modernsten, Kosten sparenden Ausrüstungen und Methoden sowie einem möglichst geringen Personalaufwand. Die in der Kritik am Kapitalismus vielfach geäußerte Ablehnung dieser Grundsätze und die Aufforderung, doch weniger strikt vorzugehen, sind nicht zielführend: Ein Unternehmen, das mit veralteten Prozessen und einer großen Belegschaft arbeitet, wird unweigerlich von Konkurrenten mit höherer Effizienz vom Markt gedrängt.

Diese erste Deutung deckt aber keineswegs die gesamte Realität ab. Die Forderung nach den modernsten Ausrüstungen und Methoden stellt ein Bekenntnis zu kontinuierlicher und umfassender Investitionstätigkeit dar, die nicht nur die laufende Erneuerung des Betriebs sichert, sondern auch für Innovationen im Bereich des Angebots an Produkten und Dienstleistungen sorgen muss.

Investitionen sind aber kostspielig und bilden jedenfalls in der Planungs- und Errichtungsperiode, oft auch in der Anlaufphase, einen Widerspruch zum Motto: „Wie viel Geld kann mit einem Betrieb erwirtschaftet werden?“ Eine Investitionsentscheidung ist somit auch eine Entscheidung, auf mögliche Gewinne zu verzichten. Allerdings führen veraltete Einrichtungen und ein überholtes Angebot auf Dauer zum Untergang des Unternehmens. Gewinne, die zu Lasten der Investitionen konsumiert werden, können somit schwer als Gewinne bezeichnet werden. Mit vermeintlichen Gewinnen von heute wird die Existenz des Unternehmens gefährdet, der Verzicht von heute ermöglicht den Gewinn von morgen und schon ist die Definition des Gewinns nicht mehr eindeutig.

Für manche Interessenten sind diese Faktoren kein Kriterium. Bildet die Gewinnausschüttung um jeden Preis die Maxime, so genießen die Aktionäre hohe Dividenden und die Manager freuen sich über hohe Bezüge. Zumindest einige Zeit. Auch liegt die willkommene Rechtfertigung nahe, dass Investitionen schließlich auch erfolglos verlaufen können und nicht unbedingt künftige Gewinne auslösen müssen. Diese Einstellung hat in der öffentlichen Diskussion das Wort von den kapitalistischen „Heuschrecken" entstehen lassen, die nur rasch Geld sehen wollen und daher die Firmen rücksichtslos kahl fressen. Tatsache ist aber, dass ein hohes Maß an unternehmerischer Verantwortung, Kreativität und Einsatzbereitschaft notwendig ist, um den richtigen Mittelweg zwischen der verantwortungslosen Plünderung eines Unternehmens und dem gesunden Druck auf größtmögliche Effizienz zu finden.

Der große Industrielle Werner von Siemens hat die Problematik auf den Punkt gebracht: „Für einen augenblicklichen Gewinn verkaufe ich die Zukunft nicht." Das Zitat ziert den Umschlag dieses Buches.

Gute Betriebswirtschaft ist menschlich

In diesem Zusammenhang ist die menschliche Dimension von besonderer Bedeutung. Die vor allem in Europa hartnäckig hohe Arbeitslosigkeit und die weltweit zu beobachtende Bereitschaft, über Nacht tausende Mitarbeiter abzubauen, werfen die Frage nach dem Sinn des Wirtschaftens auf: Steht die wirtschaftliche Tätigkeit im Dienste der Menschen oder im Dienste der Gewinne, die einigen wenigen zugute kommen? Diese Frage ist ohne Zweifel berechtigt und stellt das derzeit bestimmende Wirtschaftssystem auf den Prüfstand.

Hier sei aber aufgezeigt, dass schon eine von den Notwendigkeiten der Betriebswirtschaft bestimmte Personalpolitik Rücksicht auf die menschliche Dimension nimmt, dass der Gegensatz Menschen oder Gewinne auf einem Missverständnis beruht.

Die Kündigung tausender Mitarbeiter ist verständlich, wenn ein bestimmter Bereich eines Unternehmens aus welchen Gründen auch immer geschlossen oder eine personalintensive Methode von einer rationellen Technologie verdrängt wird. Die spektakulären Kündigungswellen beschränken sich aber keineswegs auf diese beiden Phänomene. Vielfach wird die Reduktion der Belegschaft als Paukenschlag inszeniert, der die Stärke des Managements unterstreichen und die Aktionäre beeindrucken soll.

Nach der Ankündigung erweist sich schon die Durchführung oft als schwierig: So haben die Betroffenen Ansprüche, die bewirken, dass die als Einsparung gefeierte Verabschiedung der Mitarbeiter meist zu extrem hohen Kosten führt. Auch lungerten die Gekündigten bis zum Stichtag ihres Ausscheidens nicht untätig in den Betrieben herum, sodass sich ihr Abgang negativ auf das Funktionieren des Unternehmens auswirkt und in der Folge mühsam Korrekturen erfolgen müssen. Vor allem aber sind tausende Mitarbeiter nie tausende Faulpelze und Dummköpfe. Vielmehr verzichten die Unternehmen mit dem spektakulären Abbau zahlreicher Beschäftigter auf kostbares Kapital, das mit dem Abgang der Betroffenen unwiederbringlich verloren geht.

Die gefeierten Personalreduktionen sind in der Regel schlichtweg Fehler der Manager, die glauben, auf eine gute Personalpolitik verzichten zu können. Gute Personalpolitik bedeutet das ständige Bemühen um den optimalen Einsatz und um die Förderung der Mitarbeiter. Dann kann – außer bei den erwähnten Fällen eines Ausfalls von Umsätzen und dem Einsatz einer neuen Technologie – ein Paukenschlag nicht erforderlich sein. Mehr noch: Bei einer kontinuierlichen Optimierung der Personalstruktur wären vermutlich auch die beiden Ausnahmen leichter zu bewältigen.

Allerdings: Das plötzliche Verabschieden tausender Mitarbeiter bringt eine plötzliche Steigerung des Gewinns. In der Regel sind die Unternehmen zumindest kurzfristig in der Lage, die bislang gewohnten Umsätze zu erzielen und durch die Personalreduktion die Kosten zu senken, wodurch sich naturgemäß der Gewinn erhöht. Die entscheidenden Fragen stellen sich erst zu einem späteren Zeitpunkt: Sind die Umsätze dauerhaft zu halten? Hat die verringerte Belegschaft die Fähigkeit, neue Aufträge, neue

Herausforderungen zu bewältigen? Wie sieht das Unternehmen nach einigen Jahren aus? Erst dann zeigt sich, ob der Gewinn aus dem spektakulären Abbau tausender Mitarbeiter diese Bezeichnung verdient hat. Die grundsätzliche Frage „Steht die wirtschaftliche Tätigkeit im Dienste der Menschen oder im Dienste der Gewinne, die einigen wenigen zugute kommen?“ wird durch eine betriebswirtschaftlich sinnvolle Personalpolitik entschärft.

Der Sinn von shareholder value

Zum Synonym für die betriebswirtschaftlich verfehlte und menschenverachtende Plünderung von Unternehmen wurde der Begriff „shareholder value“. Gezeichnet wird in diesem Zusammenhang der gierige Anleger, der auf hohe Ausschüttungen um jeden Preis pocht. Sicher gibt es auch diesen Typus, der dem schon angesprochenen Bild der Heuschrecke entspricht.

Tatsächlich ist aber shareholder value ein Anliegen der Pensionsfonds, die die Altersvorsorge von Millionen Anlegern vorwiegend in den USA, aber immer stärker weltweit sichern. Pensionisten werden geschädigt, wenn Unternehmen, an denen sie über Pensionsfonds beteiligt sind, nicht optimal wirtschaften.

Umgekehrt müssen sich Pensionisten gegen Maßnahmen wehren, die ein Unternehmen langfristig schwächen. Pensionsfonds planen naturgemäß in Veranlagungsperioden von vierzig und mehr Jahren. Shareholder value hat daher eine kurzfristig konzipierte Investitions- und Personalpolitik abzulehnen und tut dies auch. Dass auch in diesem Bereich Fehler gemacht werden, kann niemand leugnen. Manager von Pensionsfonds sind nicht unfehlbar. Allerdings werden sie, wie der gesamte Kapitalmarkt, von den Analysten unter einen höchst problematischen Druck gesetzt.

Den Finanzanalysten ist es gelungen, eine Art Machtposition zu erreichen: Ihre Aussagen bestimmen sehr wesentlich über den

Erfolg eines Unternehmens bei den Anlegern. Leider steht bei den Analysten das aktuelle Ergebnis im Vordergrund, wobei nicht einmal der Jahresgewinn überzeugt, sondern sogar das Quartalsergebnis entscheidet. Mit dieser Ausrichtung stellen die Analysten jede längerfristige Investitions- und Personalpolitik in Frage. Die Kapitalmarktkrisen in den neunziger Jahren und in den Anfängen des neuen Jahrhunderts haben die Position und die Methoden der Analysten zwar in Frage gestellt, aber nicht nachhaltig erschüttert. Wenn der Begriff „Gewinn“ vielfach falsch verstanden wird, so haben dies zu einem beachtlichen Teil die Analysten zu verantworten. Sie könnten als Experten ein Gegengewicht zur Gier der „Heuschrecken“ in die Waagschale werfen. Stattdessen verschärfen sie das Problem.

Überzeugungsarbeit als Kampf

Der Kampf gegen den Kapitalismus besteht in erster Linie im Kampf gegen die Gier der Heuschrecken, gegen einen falsch verstandenen Gewinnbegriff. Allerdings gibt es hier keine Waffen im traditionellen Sinn. Da nützen keine Streiks der Arbeitnehmer, da hilft kein Einschreiten staatlicher Stellen. Hier ist Überzeugungsarbeit gefordert, die gleichsam als Fortsetzung der erfolgreichen Bemühungen um die Anerkennung des Gewinns als unverzichtbare Notwendigkeit zu verstehen ist.

Der verantwortungsvolle Umgang mit Gewinn ist Ausdruck einer Kultur, die den Kapitalismus prägen muss. Gelingt es nicht, über Seminare, über Vorträge, über Schulungen im weitesten Sinn das Verständnis für die verschiedenen Aspekte des Gewinns zu verbreiten, so besteht die Gefahr, dass sich der Kapitalismus gleichsam selbst vernichtet.

Die Zauberkräfte des privaten Unternehmers

Nicht nur der Gewinn wurde ohne nähere Differenzierung zum Fetisch erhoben. Das gleiche Phänomen geschah mit dem privaten Unternehmer.

Apodiktisch werden derzeit „privat“ und „Privatisierung“ als segensreich und die Tätigkeit des Staates als schädlich bezeichnet. Auch hier ist eine Reaktion auf Fehlentwicklungen gegeben und weniger ein Bemühen um sachgerechte Lösungen. In den kommunistisch regierten Ländern waren sämtliche Bereiche und insbesondere die Wirtschaft verstaatlicht. Da sich diese Form des Wirtschaftens als katastrophal erwiesen hat, bekam das Wort „privat“ als Gegensatz zu „staatlich“ seine generell positive Bewertung.

Unterstützt wurde diese Entwicklung auch durch Erfahrungen mit staatlichen Eingriffen in marktwirtschaftlich organisierten Ländern. Vor allem das Schicksal der im Staatsbesitz befindlichen Unternehmen zeigt, dass der Staat als Unternehmer problematisch ist: Reihenweise wurden – und werden auch heute noch – unternehmerisch notwendige Maßnahmen sabotiert, weil die Politik wirtschaftsfremde Ziele durchsetzen will. Besonders markant ist stets die Verhinderung einer aktiven Personalpolitik, wodurch die Unternehmen Personalkosten hatten und haben, die den gesamten Betrieb überfordern und in die Krise führen. Zudem zeigt die Erfahrung, dass der Staat, vertreten durch Politiker, bei der Auswahl der Manager der politischen Heimat der Kandidaten nicht selten größere Aufmerksamkeit widmet als ihrer Qualifikation.

Der Glaube an die überragenden Fähigkeiten des Staates ist ideologisch bedingt und stellt ein Bekenntnis der Sozialisten und

Kommunisten dar. Im Gegensatz zu dieser Überzeugung wurde nach dem Versagen des Staates das Bekenntnis zu „privat“ ebenfalls zu einem Credo.

Die Sozialisten sahen eine Reihe von Vorteilen in der Rolle des Staates als Unternehmer. Vor allem würde eine staatliche Wirtschaft verhindern, dass einige wenige Kapitalisten die Gewinne kassieren und die Masse der Bevölkerung sich mit bescheidenen Löhnen begnügen müsste. Auch hätte eine staatliche Wirtschaftsführung stets nur das Wohl der Unternehmen als Ziel und keine persönlichen Interessen. Somit gäbe es eine ständige Erneuerung bei breiter Streuung der Einkommen.

Tatsächlich führte die Staatswirtschaft in den kommunistischen Ländern genau in die Situation, die die Sozialisten vermeiden wollten. Da alle Unternehmen im Besitz des Staates waren, kamen keine Konkurrenz und somit auch kein kontinuierliches Bemühen um Effizienz und Innovation zustande. Diese Umstände wurden noch durch die Rücksicht auf politische Interessen und den Einsatz inkompetenter Manager ergänzt. Die Folge waren Verluste und allgemeine Armut. In diesem Umfeld hatten Schmarotzer Hochkonjunktur: Das Leben der Machthaber in der Partei, in den Ministerien und in den Betrieben entsprach in der Folge genau jenem Zerrbild, das die frühen Revolutionäre von den Kapitalisten gezeichnet hatten.

Die unbestreitbaren Vorteile der Privaten

Die Bekenner der Privatwirtschaft haben nun eine Reihe von Argumenten unbestreitbar auf ihrer Seite. Private Unternehmen, die sich auf dem Markt der Konkurrenz anderer privater Unternehmen stellen müssen, sind gezwungen, effizient und innovativ zu agieren. Tun sie das nicht, gehen sie unter. Schon dieses Phänomen nützt unbestreitbar der Gesamtheit: Die Mitarbeiter und Eigentümer der betreffenden Unternehmen profitieren, außerdem alle Lieferanten und die Allgemeinheit über Steuern und Sozialversicherungsbeiträge.

Die Einsicht, dass nur selbstständig auf einem wettbewerbsintensiven Markt tätige Unternehmen Träger einer florierenden Wirtschaft sein können, hat sich erfreulicherweise weithin durchgesetzt. Betrachtet man nur diese Reaktion auf die katastrophalen Misserfolge der sozialistischen Staatswirtschaft, so ist die Begeisterung für „privat" berechtigt und unverzichtbar.

Allerdings ist hier ein besonderes Merkmal zu betonen: „selbstständig auf einem wettbewerbsintensiven Markt tätige Unternehmen". Mit dieser Charakterisierung ist eindeutig die kommunistische Staatswirtschaft ausgeschlossen. Betriebe, die dem geschilderten Kriterium entsprechen, können aber die unterschiedlichsten Eigentümer haben, nicht zuletzt auch den Staat.

Tatsächlich kam es bei zahlreichen Unternehmen in den westlichen Demokratien zum Wechsel vom Eigentümer Staat zu privaten Aktionären. Diese Veränderung hat sich ohne Zweifel positiv ausgewirkt, da die sachfremden politischen Einflüsse beseitigt wurden. Allerdings darf nicht vergessen werden, dass die betroffenen Unternehmen in den westlichen Demokratien vielfach schon als Staatsbetriebe der Konkurrenz des Marktes ausgesetzt waren und daher durchaus attraktive Voraussetzungen für eine Privatisierung aufwiesen. Bei vielen gab es bereits in der Vergangenheit eine Kombination von staatlichen und privaten Aktionären, wodurch die schädlichen politischen Eingriffe gemildert waren. Waren und sind die zur Gänze im Eigentum des Staates stehenden Unternehmen durch die Fehler der Politik fast durchwegs gefährdet, so können sich die Ergebnisse bei gemischten staatlichen und privaten Aktionären durchaus sehen lassen.

Auf den Markt kamen und kommen somit jene Teile des Staates, die schon eine relativ hohe Produktivität haben oder jedenfalls gute Voraussetzungen für einen wirtschaftlichen Erfolg aufweisen.

In den ehemaligen kommunistischen Staatswirtschaften ist diese differenzierte Betrachtung unangebracht: Der Wechsel vom

Betrieb als Teil des Staates zum Unternehmen im marktwirtschaftlichen Sinn war naturgemäß dramatisch. Dass allerdings bei diesem Wechsel oft Personen als neue, private Eigentümer auftreten, deren Verhalten stark an die Machtausübung der früheren Parteibonzen erinnert, darf nicht übersehen werden.

Ist der Private auf jeden Fall der bessere Unternehmer?

Der Siegeszug des privaten Unternehmers im Gegensatz zum Unternehmer Staat bestimmt die Wirtschaftsgeschichte der zwei letzten Jahrzehnte des zwanzigsten Jahrhunderts und den Anfang des einundzwanzigsten in Westeuropa wie auch in den ehemals kommunistischen Staaten in Osteuropa. Jetzt ist die Frage berechtigt, ob sich der Private tatsächlich und in jedem Fall als der bessere Unternehmer erweist.

Die Fehler der Staatswirtschaft werden ohne Zweifel vermieden. Zu fragen ist, ob die Fehler der Privaten nicht ebenso gravierend sind. In der Begeisterung für den privaten Unternehmer wird die Tatsache übersehen, dass diese selbstverständlich Menschen sind, die naturgemäß das gesamte Spektrum der Fehler und Vorzüge aufweisen.

Die Theorie geht von der Annahme aus, es gäbe für den Privatunternehmer nur ein Ziel – die Steigerung des Gewinns. Konsequenterweise würde er stets darauf achten, nur die fähigsten Manager einzusetzen, die besten Mitarbeiter zu beschäftigen und diese optimal zu motivieren, das modernste Gerät zu verwenden und sich ständig um neue Märkte und Innovationen zu bemühen. Dieses Bild trifft auch tatsächlich zu. Allerdings nicht immer und überall und nicht immer und überall auf Dauer. Auf die Neigung, den Begriff „Gewinn“ falsch zu verstehen, wurde bereits verwiesen. Andere Fehlentwicklungen sind ebenfalls zu registrieren.

Ohne Zweifel ist der Gewinn eine Triebfeder, aber keineswegs die einzige. Ab einer bestimmten Größe des Einkommens und des

Vermögens bilden ein höheres Einkommen und ein größeres Vermögen für viele keinen Anreiz mehr. Bei welchem Einkommen und welchem Vermögen diese Reaktion eintritt, hängt von den einzelnen Personen ab und ist nicht an einem Betrag festzumachen. Das Phänomen tritt aber relativ bald und relativ oft ein, sodass erfolgreiche Unternehmer keineswegs auf Dauer ein Motor der Wirtschaft sind.

Geht es nicht mehr um eine Steigerung des Gewinns, so verlieren auch die anderen Faktoren an Bedeutung und das ständige Bemühen um eine optimale Betriebsführung erlahmt. Bestimmend werden dann andere Themen, wobei die Eitelkeit eine enorme Rolle spielt.

Im Betrieb entwickeln sich die Abenteurer von gestern nach einigen Jahren nicht selten zu Patriarchen, die aus ihren früheren Triumphen die Illusion ableiten, sie hätten die permanente Einsicht in die Erfordernisse des Marktes und eine Form göttlicher Allwissenheit gepachtet. Änderungen unterbleiben, die Unternehmen erstarren und werden naturgemäß immer schwächer, bis eine Umkehr nicht mehr möglich ist.

Erfolgreiche Unternehmer leiden vielfach unter ihrem geringen Bekanntheitsgrad, den sie als mangelnde Anerkennung ihrer Leistung schmerzhaft empfinden. Die Reaktion ist eine intensive Öffentlichkeitsarbeit, die sich beispielsweise in einem übereifrigen Sponsoring manifestiert. Diese Neigung kommt vielfach kulturellen Einrichtungen zugute, die ohnehin unter Geldmangel leiden und den unerwarteten Gönnern gerne Applaus spenden. Der Adressat des Beifalls sonnt sich in der Dankbarkeit und muss letztlich erkennen, dass das Publikum trotzdem nur den Künstler und nicht den Spender zur Kenntnis nimmt.

Patriarchalisches Gehabe und das Buhlen um Applaus trüben den Blick für die Erfordernisse der Firmen und führen oft zu einem bösen Erwachen. Dabei ist in diesen beiden Beispielen von erfolgreichen Unternehmern die Rede. In der Begeisterung für die private Initiative wird gerne übersehen, dass sehr viele vermeintliche Entrepreneurs den Herausforderungen nicht gewachsen sind und kläglich Schiffbruch erleiden. Die nicht enden wollende Statistik der Insolvenzen spricht eine deutliche Sprache.

Das harte Los der Manager

Die Aufmerksamkeit sei aber weiterhin auf die strahlenden Vertreter der Privatwirtschaft gerichtet. Neben den Unternehmern genießen die Manager eine Sonderstellung und werden vielfach als ideale Führungskräfte verstanden. Im Kreuzungspunkt der Interessen angesiedelt, haben sie ständig die Anforderungen des Marktes, der Belegschaft und der Eigentümer aufeinander abzustimmen. Diesem Idealbild entsprechen ohne Zweifel viele Führungskräfte, die auch in zahlreichen Fällen in ihrer gesamten aktiven Periode den Vorgaben gerecht werden.

Wie bei den Unternehmern ist aber auch bei den Managern die menschliche Dimension nicht zu übersehen. Die Position im Kreuzungspunkt der Interessen macht den Manager oft zum Prügelknaben aller Gruppen, der im Dauerstress sich noch seine hohen Bezüge neidvoll vorhalten lassen muss. Dass Führungskräfte nicht selten ausbrechen wollen, ist eine Tatsache, die sich das Publikum schwer vorstellen kann.

Die unterschiedlichsten Faktoren spielen dabei eine entscheidende Rolle. Bei dem einen mag es der Frust über die ständige Anspannung und der Neid auf die stressfrei Dividenden kassierenden Aktionäre sein. Den anderen wird die Gier treiben, den dritten die Eitelkeit. Eine große Rolle spielt die Angst vor dem Versagen, die Angst vor dem Verlust der gesellschaftlichen Stellung. Und in der Praxis wird wohl eine Mischung aus mehreren Motiven Manager dazu bewegen, das Korsett zu sprengen, das ihnen das hoch gesteckte Anforderungsprofil auferlegt.

Der Ausbruch eines Managers wird selbstverständlich mit plausiblen, betriebswirtschaftlichen Argumenten begründet, die möglichst gut in den kapitalistischen Verhaltenskodex passen. Fusionen, besonders große, spektakuläre Fusionen, erweisen sich als ein beliebter und attraktiver, aber gut argumentierbarer Fluchtweg. Wortreich wird in der Öffentlichkeit von den Synergien geschwärmt, die durch den jeweiligen Zusammenschluss genützt werden können und daher zur Stärkung letztlich beider Unternehmen führen. Ebenso freudig wird die Aussicht auf eine stärkere Marktposition gefeiert, die das Überleben der betroffenen Firmen sichern wird, womit gemeint ist, dass man künftig höhere Preise durchsetzen kann. Im Gegensatz zu früher, als die beiden Fusionskandidaten einander das Leben auf dem Markt schwer machten.

Eine Kritik an der Fusionswelle könnte sich sehr überzeugend mit dem Hinweis begnügen, dass jede zweite nicht den gewünschten Erfolg zeitigt: Die erhofften Synergien erweisen sich oft als Illusion, die Marktposition wird nicht gestärkt und nicht selten ist das fusionierte Unternehmen schwächer als die ursprünglichen Betriebe.

Allerdings spielen bei Fusionen auch Aspekte eine entscheidende Rolle, die in der öffentlichen Diskussion weniger Beachtung finden.

Die Begeisterung der Manager für Fusionen ist vielfach nicht in den betriebswirtschaftlichen Perspektiven, sondern in persönlichen Motiven begründet. Das größere Unternehmen eröffnet der Nummer eins im Vorstand eine attraktivere, gesellschaftliche Position. Winkt sogar eine Weltmarktführung, so ist die Freude grenzenlos. Allerdings ist nicht immer die Spitzenposition das Ziel der Träume, die eine Fusion erfüllen soll. Als Generaldirektor einer großen, aber nur beschränkt erfolgreichen Firma droht ständig der Misserfolg in der Auseinandersetzung mit den Mitbewerbern. Eine Fusion mit dem Konkurrenten verheißt vielleicht einen weniger exponierten, weniger gefährlichen, aber gut dotierten Sessel im Vorstand des neuen Unternehmens.

Betrachtet man den Alltag der privaten Unternehmer und Manager, so wird das Idealbild erheblich relativiert. Man ist sogar versucht zu fragen, ob es tatsächlich so entscheidend ist, ob ein Privater oder der Schützling eines Politikers oder ein Beamter in einem Wirtschaftsministerium eine Firma in den Ruin führt. Oder umgekehrt: Ein tüchtiger Staatsverwalter wäre doch sogar einem unfähigen, privaten Unternehmensleiter vorzuziehen.

Die Realität des unternehmerischen Alltags macht einen Irrtum deutlich. Der katastrophale Misserfolg der kommunistischen Staatswirtschaft und die Pleitenserie der Staatsbetriebe in den westlichen Marktwirtschaften bilden nicht den Nachweis für die allein gültige Rolle des privaten Unternehmers. Die Schlussfolgerung ist eine andere.

Der Wettbewerb ist entscheidend, nicht der Eigentümer

Nur ein Unternehmen, das sich dem Wettbewerb des Marktes stellt, hat Aussicht auf Erfolg. Wem eine derart positionierte Unternehmung gehört, ist nicht entscheidend. Mechanismen, die eine Firma vor der Konkurrenz schützen, sind gesetzlich zu unterbinden. Und zwar in allen Bereichen. Dieser Grundsatz wurde zu Recht im Kodex der Europäischen Union verankert.

Paradoxer- und erfreulicherweise stellt dieser Grundsatz Betriebe im Staatsbesitz vor größere Herausforderungen. Das gemeinschaftliche Wettbewerbsrecht untersagt die Förderung von Unternehmen durch die öffentliche Hand, in welcher Form auch immer. In letzter Konsequenz darf folglich der Eigentümer Staat einen staatlichen Betrieb in der Krise nicht stützen, wogegen ein privater Eigentümer dies mit seinem privaten Geld sehr wohl darf. Dass in der Praxis trotz der hehren Wettbewerbsregeln immer wieder staatliche Interventionen erfolgen, sei nicht übersehen.

Da sich der Staat tendenziell als Eigentümer von Unternehmen zurückzieht, rückt dieses Thema in den Hintergrund und macht einem anderen Phänomen der Wettbewerbsverzerrung und mehr noch der Wettbewerbsverhinderung Platz. Die Fusionswelle lässt gigantische Unternehmungen entstehen, die in ihren Märkten eine Vorrangstellung und in manchen Fällen sogar eine Monopolposition einnehmen. Der für eine funktionierende Marktwirtschaft unverzichtbare Wettbewerb kommt in der Folge nicht oder nur in ungenügender Weise zustande. Die dominierenden Betriebe diktieren die Preise, die Bedingungen, das Angebot. Auf privater, marktwirtschaftlicher Basis entsteht eine Situation, die mit einem staatlichen Wirtschaftsdiktat sehr wohl vergleichbar ist.

Die Institution „privater Unternehmer" darf somit nicht erhaben über jede Kritik verstanden werden, nur weil der Staat versagt hat. Der private Unternehmer ist ein unverzichtbarer Faktor in einer funktionierenden Marktwirtschaft. Das kann nicht oft genug unterstrichen werden. Der private Unternehmer wie der private Manager machen aber auch Fehler, werden oft von sehr persönlichen Motiven und nicht von betriebswirtschaftlichen Erfordernissen gesteuert und müssen sich daher Kritik gefallen lassen. Die Kombination aus einem missverstandenen Gewinnbegriff und einem Fusionseifer, der auf eine Monopolisierung der Märkte abstellt, muss unweigerlich einen Kampf gegen den Kapitalismus auslösen.

In diesem Zusammenhalt kann sogar der Staat segensreich wirken: Als Minderheitsaktionär hat der Staat Einfluss, kann aber nicht bestimmen. Somit haben die Politiker als Vertreter des Miteigentümers Staat nicht die Möglichkeit, betriebswirtschaftlich notwendige Entscheidungen zu stören. Sie können aber sehr wohl Einfluss nehmen, wenn beispielsweise Manager Gagen in astronomischer Höhe durchsetzen, die von den Mitarbeitern und der Öffentlichkeit als Provokation empfunden werden. Dass diese Phantasiebeträge von den Firmen verkraftet werden können, spielt hier keine Rolle. Es geht um die Öffentlichkeit und es geht vor allem um Manager, die, beflügelt von Millionengagen, zum Größenwahn neigen, der letztlich den Firmen nur schadet.

Womit nicht gesagt sei, dass Direktoren ein Armutsgelübde ablegen sollen. Zwischen einem attraktiven, großzügig bemessenen Bezug und den vielfach bezahlten Spitzenbeträgen verbleibt für das Augenmaß eine große Bandbreite.

Die überschätzten Kräfte des Marktes

Eine Grundthese des Kapitalismus besagt, dass man sich im Bereich der Privatwirtschaft keine Gedanken über Fehler der Unternehmensleiter machen müsse. Diese werden ohnehin vom Markt bestraft. Auf dem Markt würden in der Folge andere Anbieter auftreten, die den Platz einnehmen, den die Unfähigen frei gemacht haben.

In der Theorie ist diese Feststellung unbestreitbar richtig. Sie trifft auch in der Praxis zu, nur kann sie nicht für sich allein gelten. Jedes Unternehmen stellt als Wirtschaftsfaktor einen Wert dar. Die Wertschöpfung, die Beschäftigung, das Steuer- und Beitragsaufkommen sind kostbare Güter. Es zahlt sich somit aus, Rahmenbedingungen zu schaffen, die den Erhalt dieses Werts erleichtern. Es zahlt sich aus, für effiziente Managementmethoden zu werben. Es zahlt sich aus, Techniken zur Sanierung von Krisen zu entwickeln und anzubieten.

Dies bedeutet nicht, dass Verlustbringer künstlich am Leben gehalten werden dürfen, dass Pleiten mit Staatsgeldern zu verhindern sind. Selbstverständlich müssen bankrotte Betriebe untergehen, selbstverständlich muss man auf die Marktkräfte vertrauen, die für das Entstehen neuer Firmen sorgen.

Nur das Entweder-oder ist abzulehnen, das nur Erfolg oder Misserfolg kennt.

Die gnadenlose Selektion zerstört den Markt

Der Kapitalismus neigt zu diesem brutalen Entweder-oder in der Überzeugung, nur die Tüchtigen, die Starken mögen überleben, die Schwachen bremsten ohnehin nur die Entwicklung. Diese

Orientierung ist aus mehreren Gründen abzulehnen. An erster Stelle ist die Tatsache zu nennen, dass die Tüchtigen und Starken nie eine überragende Mehrheit darstellen. Jede Gruppe, auch die Gruppe der Unternehmer und Manager, besteht aus Spitzenkräften und durchschnittlich Begabten. Die gnadenlose Selektion muss somit unweigerlich dazu führen, dass nur wenige Unternehmen existieren und folglich die Gesamtwirtschaft verarmt. Allein die Vielzahl und die Vielfalt von Betrieben sichern eine breite Basis der Wirtschaft und ermöglichen eine lebendige und die Gesamtheit der Bevölkerung erfassende Entwicklung. Das Entweder-oder bewirkt, dass zu wenige Firmen auf dem Markt agieren.

Damit nicht genug. Rahmenbedingungen, die nur die Starken begünstigen, führen unweigerlich zu Fusionen, die die Marktmacht bei wenigen Unternehmen konzentrieren. Die Folgen sind negativ: Die Mächtigen diktieren die Preise und sind aufgrund ihrer Position nicht gezwungen, sich um die Kunden zu bemühen und sich durch ständige Innovation auf dem Markt zu bewähren. Giganten ohne Herausforderung werden unweigerlich träge. Das Ergebnis ist eine Schwächung der Wirtschaft in ihrer Gesamtheit.

Es gilt, wieder ein Paradoxon aufzuzeigen. Ohne Wettbewerb gibt es keine Innovation, kein Bemühen um Effizienz, die Unternehmen erlahmen und die Gesamtheit verarmt. Wird der Markt aber zur alleinigen Spielwiese der Starken, entstehen Monopole, die ebenfalls den Markt und somit den Wettbewerb ausschalten. Der Wettbewerb vernichtet sich in diesem Fall selbst.

Der Staat als helfende, subventionierende Hand sorgt nur für Wettbewerbsverzerrungen, schützt die von ihm geförderten Unternehmen vor der Konkurrenz, bis letztlich die Verluste doch so hoch sind, dass auch der Staat überfordert ist. Der Staat als Subventionsgeber ist nicht in der Lage, Marktmächte in die Schranken zu weisen.

Erforderlich sind somit Rahmenbedingungen, die einer Vielzahl von Anbietern das eigenständige Überleben ermöglichen.

In erster Linie hängen diese Rahmenbedingungen von der

Ausbildung ab, die eine breite Öffentlichkeit mit dem Wesen der unternehmerischen Tätigkeit vertraut machen sollte. Solange Management vielfach als Geheimwissenschaft erlebt wird, fehlt der allgemeine Zugang zu dem Phänomen „Betriebsführung". Ist diese Schwelle beseitigt, entsteht ein Klima, das den Weg in die Selbstständigkeit begünstigt. Aufbauend auf dieser Basisarbeit ist die ständige Information über wirtschaftliche Belange und vor allem die Schulung der Führungskräfte erforderlich, um das Überleben möglichst vieler Betriebe zu sichern.

Basel II – der falsche Weg

Charakteristisch für den Siegeszug kapitalistischer Gedanken, die nur den Erfolgreichen, den „Tüchtigen" Rechnung tragen, ist das unter der Bezeichnung „Basel II" bekannt gewordene System der Kreditsteuerung. Basel II besagt, dass jeder einzelne Kreditnehmer einer Beurteilung, einem so genannten Rating, unterzogen werden muss. Kredite bekommen grundsätzlich nur solide Betriebe, schwache Unternehmen sollen möglichst keine Fremdfinanzierung erhalten und wenn ja, nur mit hohen Aufschlägen. Die hohen Aufschläge dienen aus der Sicht der Bankwirtschaft als Vorsorge für mögliche Ausfälle, sie bewirken aber eine Verteuerung der Kredite, die die Firmen überfordert und so das Insolvenzrisiko zusätzlich erhöht.

Die konsequente Umsetzung von Basel II bewirkt, dass viele Unternehmen keinen Kredit bekommen und aus dem Markt ausscheiden müssen. Überzeugte Kapitalisten werden diese Konstellation begrüßen. In der Praxis kommt nur eine Verarmung der Gesamtwirtschaft zustande, da keineswegs bloß Firmen mit einer soliden Kapitalausstattung für Wachstum sorgen. Oft ist das Gegenteil der Fall, etwa, wenn Jungunternehmer hoffnungsfroh einen Betrieb aufbauen. Oder auch schon länger bestehende beispielsweise das Risiko einer Neuentwicklung eingehen. In der

Wirtschaft gilt, dass nur das Risiko den Gewinn ermöglicht, aber auch den Misserfolg einschließt. Basel II ist somit wirtschaftsfeindlich, wobei angemerkt sei, dass in Ergänzung von Basel II die Finanzmarktaufsichtsbehörden zusätzliche Auflagen durchsetzen, die das Problem verschärfen.

Alle diese Maßnahmen werden ergriffen, um die Banken abzusichern. Nur wird dabei vergessen, dass die Banken wie die gesamte Volkswirtschaft von einer Vielzahl initiativer Unternehmen leben. Es liegt daher im Interesse aller, dass viele Firmen im Einsatz sind. Für die Banken gibt es nur eine Absicherung und diese besteht in einer möglichst breiten Streuung der Kreditrisiken, die auch durch die Einhaltung von Höchstbetragsgrenzen abzusichern ist. Dass jede einzelne Finanzierung genau zu überlegen ist, versteht sich von selbst. Ebenso selbstverständlich sollte aber auch die Tatsache sein, dass es kein risikoloses Kreditgeschäft geben kann und geben soll.

Die Notwendigkeit eines pragmatischen Insolvenzrechts

Zudem ist ein entkrampfter Umgang mit Krisen erforderlich. In der Praxis stehen die Anhänger der Rettung aller Firmen um jeden Preis den Vertretern der gnadenlosen Auslese gegenüber. Das Bemühen um die Rettung jedes Unternehmens sollte die selbstverständliche Erstreaktion sein, der Weg in die Insolvenz aber akzeptiert werden, wenn sich die Sanierung als unmöglich erweist.

Hier ist auch der Staat als Gesetzgeber und öffentlicher Dienstleister gefordert, der mit einem praxisnahen Insolvenzrecht und einer entsprechenden Rechtsprechung den Mittelweg zwischen den beiden Denkschulen weisen sollte.

Praxisnah würde bedeuten, dass die überlieferte Konzeption der Insolvenz, also der Zahlungsunfähigkeit, in Frage gestellt wird. Immer noch ist in den Gesetzen der Grundgedanke präsent, dass ein Unternehmer, der nicht allen Verpflichtungen jederzeit entsprechen kann, den Gang zum Gericht antreten muss. Dies ist in einer überwiegend kreditfinanzierten Wirtschaft realitätsfremd. Es gibt kaum ein Unternehmen, das in der Lage ist, alle Schulden jederzeit zu tilgen. Aber auch ein erweiterter Begriff der Zahlungsunfähigkeit ist nicht unbedingt angemessen: Selbst die These, ein Unternehmer ist zahlungsunfähig, wenn er unter Einrechnung der Kredite seinen laufenden Verpflichtungen nicht jederzeit entsprechen kann, ist problematisch. Beide Zugänge, der strenge wie der gemilderte Insolvenzbegriff, nehmen die Tatsache nicht zur Kenntnis, dass das Überleben der Unternehmen oft von der Bewältigung schwieriger, durchaus existenzgefährdender Situationen abhängt.

Wenn der Wettlauf um die Sanierung nicht gelingt und die Insolvenz letztlich unvermeidlich ist, sollte nicht im Nachhinein, Jahre später in einem Gerichtsverfahren der Misserfolg bestraft werden: Der Vorhalt der Krida, des Verschleierns der Zahlungsunfähigkeit, das Motto: „der Unternehmer hätte die Insolvenz erkennen und bei Gericht anzeigen müssen" ist fehl am Platz, wenn in dieser Phase noch alles unternommen wurde, um den Konkurs abzuwenden. Der Verlust des Unternehmens ist Strafe genug.

Praxisnah würde auch bedeuten, dass nach Anmeldung der Insolvenz primär alles unternommen wird, um im Rahmen der Masseverwaltung eine Fortführung des Unternehmens zu erleichtern. Dies ist aber beispielsweise illusorisch, wenn der Masseverwalter mit seinem Privatvermögen für die in der Fortführung entstehenden Verpflichtungen haftet. Unter diesen Umständen wird jeder Verwalter bestrebt sein, die noch vorhandenen Werte risikolos und rasch zu realisieren.

Notwendig sind aber nicht nur Gesetze, die die Fortführung begünstigen. Die Richter sind gefordert, selbst ein hohes Maß an wirtschaftlichen Kenntnissen und an Verständnis für die Probleme der Betriebe aufzubringen. Auch liegt es an ihnen, Sanierer einzusetzen, die der schwierigen Aufgabe einer Unternehmensrettung gewachsen sind. Nicht jeder Rechtsanwalt und nicht jeder

Wirtschaftsprüfer ist, nur weil er auf der Liste eines Gerichts aufscheint, für jedes Insolvenzverfahren geeignet.

Ein Paket aus gesetzlichen Bestimmungen und einer von Richtern und Sanierern getragenen Praxis erweist sich als probates Instrument im Kampf gegen einen Kapitalismus, der jede in Schwierigkeiten geratene Firma dem Untergang weihen möchte.

Die Grenzen des Kartellrechts

Wenig überzeugend sind die Erfahrungen mit dem Instrument „Kartellrecht", das auf der Annahme beruht, man könne die übertriebene Marktmacht eines Unternehmens durch gesetzliche Maßnahmen einschränken. Der Gesetzgeber schreibt vor, dass in einem bestimmten Marktsegment eine Mindestzahl von Unternehmen tätig sein muss. Um diese Auflage durchzusetzen, werden Behörden und Gerichte installiert, die die Großen beispielsweise zwingen, Firmenteile, Fabriken zu verkaufen, Marktsegmente nicht zu bearbeiten und Ähnliches mehr.

Die Behörden und Gerichte sind aber machtlos, wenn auf dem Markt keine alternativen Anbieter agieren, die die Beschränkung der Großen nützen und in den Freiraum vordringen können. Ist dies der Fall, so ergibt sich die eigenartige Situation einer Verschlechterung der Marktversorgung: Der mit Hilfe des Kartellrechts in die Schranken gewiesene Anbieter muss sich zurückhalten und kein anderer übernimmt die Befriedigung der Nachfrage.

Dieses Szenario ist keine theoretische Annahme. Die Tatsache, dass eine Kartellbehörde einschreiten muss, ergibt sich meist aus dem Umstand, dass ein Marktführer dominiert und sich die Mitbewerber vorweg nicht durchgesetzt haben. Somit ist die Vermutung, dass die Mitbewerber nach dem Einschreiten der Kartellbehörde auch nicht viel erfolgreicher agieren, durchaus berechtigt.

Viel versprechend ist der Eingriff einer Kartellbehörde, wenn es sich um die Übernahme eines Unternehmens handelt. In einem Segment steht ein Betrieb zum Verkauf, ein starker Mitbewerber erreicht den Zuschlag und würde durch die Zusammenführung eine kartellrechtlich bedenkliche Stellung erobern. Es sind aber andere, potente Firmen in diesem Bereich tätig. Die Verpflichtung des erfolgreichen Übernehmers, sich vorweg von einem Teil des übernommenen Betriebes zu trennen, kann sehr wohl zu gesunden Wettbewerbsverhältnissen führen.

Grundsätzlich kommt der Einsatz des Kartellrechts auf jeden Fall zu spät. Entscheidend ist die Sicherung von Rahmenbedingungen, die vorweg das Entstehen von übermächtigen Mono- oder Oligopolisten verhindern. Rahmenbedingungen, die dazu beitragen, dass eine große Vielfalt von Unternehmungen auf dem Markt agiert.

Ist der Staat überflüssig?

Die Formel „privat ist gut, staatlich ist schlecht“ bedeutet in letzter Konsequenz die Abschaffung des Staates und die Übertragung aller gesellschaftlichen Funktionen an Private. Der Kapitalismus wird auf diese Weise vollends zum Anti-Kommunismus, der alles dem Staat übertragen hat. Paradoxerweise bewegt sich dabei der Kapitalismus auf ein Ideal zu, das Karl Marx formuliert hat: Dieser meinte, dass der Staat überflüssig werde, wenn die von ihm erträumten neuen, sozialistischen Menschen in einer Gemeinschaft leben, die keine ordnende Hand mehr benötigt. Jetzt wären es die neuen, kapitalistischen Menschen, die keinen Staat brauchen.

Aus der Kritik am Versagen der Staatswirtschaft ist eine Identitätskrise des Staates in seiner Gesamtheit geworden, die aus kapitalistischer Sicht durchaus begrüßt wird. Man kann sich diesem Problem mit einer theoretischen Annahme nähern und davon ausgehen, dass sich der Staat tatsächlich aus allen Bereichen zurückzieht. Dieser Zugang würde dazu führen, für die verschiedenen Funktionen, die der Staat derzeit wahrnimmt, Alternativen zu konzipieren. Vorweg gilt es aber, den aktuell gegebenen Staat, seine Identitätskrise in einer so genannten kapitalistischen Umwelt zu analysieren.

Die Formel „privat ist gut, staatlich ist schlecht“ bestimmt sehr stark die Politik, wobei sich der neuen Ausrichtung nicht nur konservative Parteien verschreiben. Auch die Sozialdemokratie scheut vor der Betonung des Staates zurück und beugt sich dem Zeitgeist. Wieder ist eine sonderbare Begriffsverwirrung zu verzeichnen. Wie schon der Gewinn, der private Unternehmer und der Markt eine differenzierte Betrachtung verlangen, so auch die Formel „privat ist gut, staatlich ist schlecht“.

Das Versagen des Staates als Unternehmer hat neben anderen Einsichten die Erkenntnis populär gemacht, dass nicht der Staat Arbeitsplätze schafft, sondern einzig und allein die Unternehmen. Diese erfreulicherweise nicht mehr bestrittene Tatsache führte aber zur Schlussfolgerung, dass der Staat generell keine Rolle für die Wirtschaft spielt. Die Politik könne folglich für die wirtschaftliche Entwicklung nicht mehr verantwortlich gemacht werden.

Schon die undifferenzierte Behauptung, der Staat sei ein schlechter Unternehmer, verlangt bereits nach einer Korrektur. Ein Staat, der tüchtige Manager beschäftigt und seine Unternehmen dem Wettbewerb aussetzt, kann sich durchaus als tüchtiger Eigentümer erweisen. Vollends eine unzulässige Verkürzung der Folgen aus den Schwächen des Staates stellt die Behauptung dar, der Staat könne, mehr noch: solle sich als Faktor der wirtschaftlichen Entwicklung abmelden.

In diesem Zusammenhang sind zwei Elemente entscheidend: der Anteil des Staates am Sozialprodukt und die Rolle des Staates als Gestalter der Rahmenbedingungen.

Der Staat als Manager

Weltweit nehmen die Staaten mindestens ein Drittel des Sozialprodukts in Anspruch, in Europa erreicht der Wert bis zu fünfzig Prozent. Allein die Qualität des Managements dieser Bereiche ist für den wirtschaftlichen Erfolg eines Landes von entscheidender Bedeutung. Die Effizienz der staatlichen Dienste entscheidet über die Leistungsfähigkeit der Infrastruktur. Die Kosten dieser Dienste bilden einen Faktor, der entweder von der Gesamtheit leicht bewältigbar ist oder eine Bürde darstellt. Tatsächlich muss in der Praxis meist von einer Bürde gesprochen werden. Unter dem Schlagwort „Verwaltungsreform“ wird in den meisten Ländern vergeblich versucht, die staatlichen Dienste besser und rationeller zu gestalten. Angesichts der bescheidenen Ergebnisse gilt es festzuhalten, dass in diesem Bereich die Einführung der Standards aus der Privatwirtschaft dringend notwendig wäre. Weit notwendiger als der hektische Verkauf von Unternehmungen, die durch entsprechendes Management wettbewerbsfähig geführt werden können.

Schlagworte verdecken auch hier den Blick für die wesentlichen Elemente. Der beliebteste Slogan lautet, man müsse den Anteil des Staates senken. Diese Botschaft findet selbstverständlich Anklang, wenn die Leistungen des Staates nicht entsprechen. Dabei könnten bei guten Diensten des Staates sogar höhere Anteile durchaus produktiv sein. Es geht nicht unbedingt um die Frage „Wie viel Geld verwendet der Staat?“, sondern vielmehr um „Was macht der Staat mit dem Geld?“.

Bei den Aufgaben der öffentlichen Verwaltung kann der Weg der Privatisierung, der sich bei den Betrieben durchgesetzt hat und keineswegs nur Vorteile zeitigt, von vornherein nicht angewendet werden. Eine private Gerichtsbarkeit, eine private Polizei, ein privater Fiskus, eine private Verwaltung haben im Selbstverständnis einer modernen, demokratischen Gesellschaft keinen Platz.

An dieser Stelle sei daran erinnert, dass auch Adam Smith, der gerne als Kronzeuge für die Konzentration auf den privaten Bereich bemüht wird, sehr wohl Aufgaben definiert hat, die der Staat zu betreuen hat. Er nannte ausdrücklich die Landesverteidigung, die innere Sicherheit, die Bildung, die Sicherung von Eigentum und Wettbewerb.

In einigen Bereichen setzt sich eine Aufgabenteilung zwischen öffentlichen und privaten Einrichtungen durch, ohne dass die Bevölkerung eine vollständige Privatisierung dulden würde. Dies gilt sicher für das Gesundheits- und für das Pensionswesen. Auch in den Infrastrukturbereichen vom Verkehr bis zur Wasserversorgung wurde der Abschied vom Monopol des Staates akzeptiert, eine ordnende Hand des Staates wird aber allgemein verlangt.

Somit ist der Staat in den großen von ihm verwalteten Bereichen gefordert, moderne Managementmethoden einzusetzen. Diese Forderung gehört heute zum Standard der Kritik am Staat. Vergessen ist, dass in der Geschichte der Staat jene Einrichtung war, die lange vor den Privaten eine effiziente Verwaltung eingeführt hat und auf diesem Gebiet ein Vorbild für den privaten Sektor darstellte.

Dass der Staat diese Rolle verloren hat, ist auf die Versteinerung der Verwaltung zurückzuführen, die mit der Ausweitung der Unkündbarkeit auf beinahe alle Beschäftigten des öffentlichen Sektors geschaffen wurde und nun schon seit Jahrzehnten nicht zu beseitigen ist. Dass Unkündbarkeit generell katastrophale Folgen hat, wird auch im Zusammenhang mit der Analyse der Stagnation in Europa zu schildern sein.

Das ursprüngliche Konzept der Unkündbarkeit sah vor, dass einige wenige Spitzenbeamte bei einem Regierungswechsel nicht verabschiedet werden können. Damit wollte man die Kontinuität der öffentlichen Verwaltung garantieren. Diese Einrichtung erscheint auch heute noch sinnvoll und würde sich auch nicht lähmend, sondern segensreich auswirken.

Tatsächlich wurden aber in zahlreichen Ländern sämtliche Staatsbedienstete unkündbar gestellt oder mit einem extrem starken Kündigungsschutz ausgestattet. Mit einer Vielzahl negativer Auswirkungen. Strukturen sind bei unkündbaren Belegschaften kaum zu verändern. Die Beschäftigten können nicht gefordert werden, da ihre Posten nicht gefährdet sind. Das System hängt aber, wie alle Organisationen, von der Einsatzbereitschaft der Einzelnen ab.

Die Unkündbarkeit hat auch Folgen, die weniger beachtet werden. Bedienstete, die von sich aus gerne eine andere Beschäftigung wählen möchten, unterlassen den Wechsel, wenn ihnen anderswo nicht die gleiche Sicherheit geboten wird. Sie bleiben im Staatsdienst, sind aber frustriert. Dadurch ergibt sich eine zusätzliche Verzerrung.

Die Verantwortung für dreißig bis fünfzig Prozent des Sozialprodukts ist für sich bereits eine Herausforderung an die Managementfähigkeiten der Politiker und Beamten, die nur ungenügend bewältigt wird. In diesem Zusammenhang spielt die mangelnde Attraktivität der staatlichen Stellen eine verheerende Rolle: Positionen in der Politik oder in der Beamtenschaft haben kein hohes Sozialprestige und sind zudem mit geringeren Bezügen ausgestattet als vergleichbare Stellen in der Privatwirtschaft.

Der Kapitalismus oder besser formuliert die Kapitalisten, die im Privatbereich höchste Effizienz und maximalen Ertrag einfordern, sollten den öffentlichen Sektor nicht als vernachlässigbare und störende Größe einstufen, sondern als attraktives Betätigungsfeld. Gäbe es eine breite Bewegung, die höhere Bezüge in der Politik und im Staatsdienst durchsetzt, würden sich mehr tüchtige Manager um diese Positionen bewerben. Das Gegenteil geschieht, im öffentlichen Bereich stehen auch bescheidene Bezüge am Pranger der Neidgesellschaft. Zudem werden Politiker undifferenziert für alle Mängel des öffentlichen Lebens verantwortlich gemacht und finden somit auch bei positiven Leistungen keine Anerkennung. In vielen Ländern gilt auch eine politische Funktion als Hindernis für einen anschließenden Einstieg in eine Management-Karriere. Die etwa in den USA selbstverständliche Einsicht, dass eine politische Karriere eine harte Schule darstellt, die als Vorbereitung für eine Tätigkeit in einem Unternehmen wertvoll ist, hat sich nicht allgemein durchgesetzt.

Mit der tatsächlichen und nicht nur angekündigten Reduktion der Unkündbarkeit auf einige wenige Positionen und einer attraktiven Entlohnung wären die Voraussetzungen für einen effizienten Staat gegeben.

Der Dienst an der Allgemeinheit, ein für das Funktionieren des Gemeinwesens lebenswichtiger Einsatz, käme sehr rasch wieder zu den ihm gebührenden Ehren.

Der selbstverständliche Staat

Mängel des Staates führen naturgemäß zu Kritik. Allerdings stellt die Kritik vielfach nicht auf eine Korrektur der Mängel ab, sondern auf eine Ablehnung des Staates, der als störend bis überflüssig erlebt wird. Dies ist aus der Sicht der Vertreter einer so genannten kapitalistischen Wirtschaft bei oberflächlicher Betrachtung des Themas sogar verständlich. Wenn der Markt als umfassender Regelmechanismus gedacht wird, so bedarf es tatsächlich keiner ordnenden Macht.

Übersehen wird, dass eine Entscheidung des Staates erforderlich ist, um freies Wirtschaften zu ermöglichen. Dies ist keineswegs selbstverständlich, wie zahllose Beispiele aus der Geschichte und auch aus der Gegenwart beweisen. Die Freiheit des Einzelnen, der freie Zugang zu Ausbildung und Beruf für alle, die Marktwirtschaft, der freie Wettbewerb sind Elemente der Verfassung, die nur der Staat schaffen und schützen kann. Die Ablehnung des Staates bedeutet somit die Ablehnung der Grundlage für jede Aktivität und somit auch für die Entfaltung der Kapitalisten.

Dieser Hinweis wird als lästig und überflüssig empfunden. Dies sei doch selbstverständlich, lautet der gefährliche Einwand. Wird der Staat in Frage gestellt, dann steht letztlich auch die Verfassung zur Disposition. Es bedarf also sehr wohl einer ordnenden Macht, die sicherstellt, dass sich der Markt in seiner vermeintlich regellosen Freiheit entfalten kann.

Tatsächlich sind die Kapitalisten sogar in besonderer Weise auf den Staat angewiesen. Im freien Spiel der Kräfte sind Auseinandersetzungen zwischen den Marktteilnehmern unvermeidlich. Bei der kleinsten Unklarheit oder Streitigkeit wird die Unverzichtbarkeit des Staates schlagartig überdeutlich. Da wird nach den Gerichten gerufen, die klärend eingreifen müssen, nach der Polizei, die für Ordnung sorgen soll, da erweist sich ein funktionierendes Grundbuch als unverzichtbar, da kann das Firmenbuch nicht umfassend genug sein.

An dieser Stelle ertönt unweigerlich der Einwand, dass diese Bereiche doch nicht angesprochen sind, wenn der Abschied vom Staat gefordert wird. Man meine doch nur den Staat als Unternehmer, gelegentlich auch als Wirtschaftspolitiker, man kritisiere Mängel in der Verwaltung und in den anderen Bereichen, die aber als unverzichtbare Einrichtungen außer Streit stehen.

Der Einwand ist aus der Sicht der Kritiker nachvollziehbar: Sie begreifen den Staat als je schon gegebene Institution, die überall auf wundersame Weise funktionieren soll, wo sie vom Bürger benötigt wird und im Übrigen nicht auffallen darf. Die Erwartung ist auch ohne Zweifel berechtigt. Der Fehler besteht in der verbreiteten Ansicht, der Staat sei gleichsam ein natürliches, von vornherein existierendes Gebilde.

Der Staat ist ein Konstrukt, um das man sich bemühen muss

Das Gegenteil ist der Fall: Der Staat ist ein Konstrukt, das einer genauen Definition, einer genauen Aufgabenstellung bedarf und effizient organisiert werden muss. Dies kann zudem nicht ein für allemal geschehen, sondern verlangt nach einer kontinuierlichen Anpassung. Die Anpassung wiederum kann nicht in ständigen, hektischen Korrekturen bestehen, die nur zur Rechtsunsicherheit führen. Der Staat ist somit weder Nachtwächter noch Diktator, sondern eine Serviceeinrichtung, die mit höchster Professionalität zu konzipieren und zu verwalten ist.

Gerichte, Polizei, Grundbuch, Firmenbuch werden vermutlich spontan als notwendig bezeichnet. Die gleiche Reaktion ist kaum bei Straßen zu erwarten. Straßen können doch von privaten Gesellschaften auch und vielleicht sogar effizienter errichtet werden. Ohne Zweifel. Zu fragen ist aber, wer über den Verlauf einer Straße entscheiden soll. Der einzelne private Investor wohl kaum. Vor allem, wenn mehrere Interessenten eine Straße zwischen zwei Orten bauen wollen, wird es nicht sinnvoll sein, den freien Markt walten zu lassen. Im Extremfall würden mehrere Straßen errichtet.

Der Protest der Kapitalisten ist unvermeidlich: Diese Argumentation sei unsinnig, davon könne nicht die Rede sein, man strebe doch nur die private Errichtung und den Betrieb der Straße an. Dass der Staat die Verkehrspolitik bestimme, sei doch selbstverständlich.

„Nur", „selbstverständlich"? In der Diskussion privat versus Staat ist nichts mehr selbstverständlich und dieser Umstand zeigt die Notwendigkeit fassbarer Definitionen auf. Die Argumentation der Kapitalisten, sie wollten ja „nur ...", um im Ernstfall plötzlich nach Vater Staat zu rufen, ist unbefriedigend. Es bedarf klarer Trennungslinien: Unverzichtbar ist die Selbstständigkeit der Betriebe und der Wettbewerb, der für alle gelten muss. Der Staat muss als Ordnungsinstanz seinen Beitrag leisten, dass der Wettbewerb auch effektiv funktioniert.

Kapitalisten reagieren ungeduldig auf derartige Hinweise und erklären, man möge sie doch gefälligst in Ruhe arbeiten lassen. Ein beliebter Adressat dieser Forderung ist die Verwaltung, die unbestreitbar mit oft unsinnigen Vorschriften die Errichtung von Betrieben behindert. Geraten allerdings dieselben Kapitalisten in Entwicklungsländern auf freies Terrain, in dem noch keine Bürokratie ihr ach so problematisches Wesen treibt, dann kommt Nostalgie auf. Da sehnt man sich nach einem mühsam eroberten, in seiner Sinnhaftigkeit schwer nachvollziehbaren Bescheid eines alten Industriestaats, der Rechtssicherheit gibt. In der ungebundenen Freiheit kann jederzeit ein anderer Abenteurer auftauchen und das eben eroberte Gebiet für sich reklamieren.

Der Dialog zwischen dem Verteidiger des Staates und dem Gegner führt von einem „Ja, aber das ist doch selbstverständlich" zum nächsten. Die Elemente, die die Rahmenbedingungen für eine funktionierende Marktwirtschaft bilden, werden nicht als Teil der Wirtschaftspolitik gesehen.

Das komplizierte, für das Funktionieren der Marktwirtschaft lebensnotwendige Netzwerk des Staates von der Verfassung bis zur Sicherung der Infrastruktur wird als gegeben angesehen. Dass die Öffentlichkeit und vor allem die Unternehmer der Erhaltung und Pflege dieser Einrichtungen im eigenen Interesse größte Aufmerksamkeit widmen sollten, wird kaum beachtet. Beachtet werden nur die Mängel, wodurch die kapitalistische These, der Staat sei ohnehin nur eine Randerscheinung, in bedenklicher Weise gestützt wird.

Der ohnmächtige Staat

Die Aufforderung an die Kapitalisten, die Rolle des Staates zu respektieren, trifft auf das genau gegenteilige Verhalten. Der Staat wird gemieden, gleichsam als notwendiges Übel geduldet.

In der globalisierten Wirtschaft hat sich zudem ein Wettbewerb der Staaten um die Gunst der Unternehmen breit gemacht. Länder, die mit niedrigen Steuern, großzügig erteilten Genehmigungen und nur bescheidenen Auflagen winken, können sich über umfangreiche Investitionen freuen. Länder, die „Schwierigkeiten" machen, müssen zur Kenntnis nehmen, dass Firmen andere Standorte bevorzugen.

Diese Lizitation kommt naturgemäß nur international agierenden Firmen zugute, wobei große Konzerne im Vorteil sind, aber auch agile mittlere Betriebe punkten. Die bedauerliche Konsequenz besteht in der Konzentration der Bürokratie auf die kleinen, lokal tätigen Unternehmen, die sich nicht wehren können. Dieser Zustand nährt den Ärger über die Kapitalisten, gibt auch dem Kampf gegen den Kapitalismus emotionell Auftrieb, doch stehen in diesem Zusammenhang nicht die Kapitalisten auf dem Prüfstand, sondern die Politiker.

Regierungen, denen es gelingt, anderen Staaten attraktive Investitionen abspenstig zu machen, feiern Triumphe. Diese Erfolgserlebnisse will man sich nicht rauben lassen und so werden die autonomen Rechte verteidigt, die die Gewährung attraktiver Bedingungen für umworbene Firmen ermöglichen. Die Politiker wollen dabei nicht zur Kenntnis nehmen, dass diese Form des

Wettbewerbs nur zu Scheinsiegen führt und die Staaten letztlich schwächt und nicht stärkt. Man ist ständig der Gefahr ausgesetzt, dass ein anderes Land noch bessere Bedingungen bietet und der Tross der Kapitalisten weiterzieht.

Sinnvoller wäre ein weltweiter Gleichklang der staatlichen Rahmenbedingungen. Die Unternehmen müssten diese Konditionen zur Kenntnis nehmen, die Regierungen würden sich als Gegengewicht profilieren. Das sich so ergebende Gleichgewicht sollte dazu beitragen, die derzeit zu beobachtenden Auswüchse des Kapitalismus zu korrigieren.

Die Umsetzung dieser Forderung ist kaum zu erwarten, da die kurzfristig erzielbaren Erfolge stärker wiegen als eine langfristig und nachhaltig solide Struktur. Dies gilt nicht nur für autonome Staaten. Auch in der Europäischen Union, die sich als Binnenmarkt versteht, ist eine einheitliche Vorgangsweise nicht zu erreichen. Dies zeigt sich überdeutlich an der Besteuerung der Unternehmen. Eine gemeinsame Politik wird weithin abgelehnt, jeder Staat ist bemüht, durch Steuervorteile zu punkten. Senkt ein Land die Steuern, so bricht in den anderen sofort die Diskussion aus, wie man Paroli bieten könnte.

Unter diesen Umständen ist der Kampf gegen den Kapitalismus kaum zu führen. Während auf der einen Seite flexible Unternehmen international agieren und jede Chance nützen, machen sich die Staaten selbst immer kleiner.

Und tragen außerdem zu einer Verzerrung des Wettbewerbs, zu einer Verfälschung der kapitalistischen Grundsätze bei. Diese Grundsätze besagen, dass der Markt über den Erfolg entscheidet, dass also die Zufriedenheit der Konsumenten der bestimmende Faktor sein muss. Staatliche Begünstigungen dürften in diesem System keine Rolle spielen. In der Realität werden sie aber zu entscheidenden „Marktfaktoren“, die selbstverständlich genützt werden.

Der neue Staat

Das unbefriedigende Verhältnis zwischen den Staaten und den Unternehmen zeigt die Notwendigkeit einer Neukonzeption der Staaten auf.

Bestimmend ist derzeit immer noch der Nationalstaat, der auf der Annahme beruht, dass die Gemeinschaft der Bürger, die auf seinem Territorium lebt, gleichsam eine Welt für sich bildet. Dieses Konzept hat sich auch lange als tragfähig erwiesen. In einer globalisierten Welt ist das Gegenüber von nationalen Ordnungsmächten und international agierenden Unternehmen und Personen nicht mehr haltbar.

Die erste Konsequenz wäre die Vereinheitlichung der Rechtsordnungen. Vorweg als Beispiel wurden die Wettbewerbsverzerrungen durch eine Lizitation der Steuersätze aufgezeigt. Dieses Thema kann aber nur stellvertretend für eine Vielzahl von Regelungen stehen. So ist nicht einzusehen, dass Prozesse und Exekutionen in jedem Land nach unterschiedlichen Regeln abgewickelt werden. Dass die national geregelten Handels-, Gesellschafts- und Konzernrechte gegeneinander ausgespielt werden können. Dass die grenzüberschreitende Durchsetzung von Forderungen und die internationale Verfolgung von Straftätern durch nationale Regelungen behindert werden.

Alle Bemühungen um eine Harmonisierung der Rechtsordnungen sind bisher am Widerstand der Nationalstaaten gescheitert. Es ist auffällig, dass zwar die Vorteile eines freien Waren- und Dienstleistungsverkehrs kaum noch bestritten werden, dass aber die Schaffung einer begleitenden Normierung, die weltweit für Rechtssicherheit sorgen müsste, nicht als ergänzende Notwendigkeit erkannt wird. Selbst die Europäische Union, die mit Hilfe von Richtlinien ihre Mitglieder zur Annäherung der Rechtsordnungen animiert, erzielt bestenfalls Teilerfolge. Helfen kann wohl nur eine breit angelegte Bewegung im Rahmen der Vereinten Nationen, der Welthandelsorganisation und der OECD.

Die Harmonisierung der Normen allein wird zudem nicht genügen. Es bedarf internationaler Gerichtshöfe, die anzurufen sind, wenn sich die nationalen Gerichte als überfordert erweisen, Gerichte, die aber auch über Instrumente verfügen müssen, die die Durchsetzung ihrer Urteile garantieren. Plakativ formuliert: Das globale Dorf braucht einen globalen Dorfrichter.

Diese Notwendigkeit ergibt sich nicht allein aus der Sicht der Staaten, die in der Globalisierung Gefahr laufen, ihre Funktion als Normengeber und Ordnungsinstanz zu verlieren. Hier ist nicht nur der Kampf gegen die Auswüchse des Kapitalismus gefordert. Hier besteht auch ein elementares Interesse der Kapitalisten selbst. Eine international anerkannte Rechtskultur macht es einzelnen Staaten schwer, auszubrechen und trägt zur Rechtssicherheit bei. Solange aber jeder Staat seine eigene Rechtswelt pflegt, wird sich an der aktuellen Lage nichts ändern.

Einen international anerkannten Kodex des Wirtschaftsrechts könnten auch Diktaturen nicht einfach ignorieren. Und gerade eine Disziplinierung der nicht demokratischen Staaten muss ein Anliegen der Kapitalisten sein. Schließlich gewähren oft Diktaturen besonders günstige Konditionen für Betriebsansiedlungen, schrecken aber nicht davor zurück, in der Folge die Investitionen zu verstaatlichen und die Kapitalisten aus dem Land zu jagen.

Der Kampf dem Kapitalismus braucht als Instrument, als Waffe ein neues Rechtsverständnis, das letztlich auch den Kapitalisten nützt.

Der Staat meldet sich ab: Das Nulldefizit

Die Abkehr vom Staat und die Konzentration auf den privaten Bereich sind an einem Phänomen abzulesen, das die aussagekräftige Bezeichnung „Nulldefizit“ bekam. Der Ausgleich der Einnahmen und der Ausgaben signalisiert, dass die Wirkung des öffentlichen Haushalts auf die Wirtschaft neutral bleiben soll. Die Botschaft lautet in etwa: Vom Staat gehen weder belebende Impulse noch restriktive Wirkungen aus, der Markt bleibt sich selbst überlassen. Dass diese Botschaft mit der Realität nicht übereinstimmen kann, ergibt sich schon aus dem Umstand, dass der Staat zwischen 30 und 50 Prozent des Sozialprodukts verwaltet und somit durch die Qualität der Mittelverwendung auch bei ausgeglichenen Budgets Wirkung zeigt. Ganz abgesehen von der Tatsache, dass der perfekte Ausgleich und ein Null-Ergebnis nur in seltenen Fällen möglich sind.

Anzumerken ist auch, dass das Bekenntnis zu ausgeglichenen Staatshaushalten primär als Reaktion auf die hohen Abgänge in den siebziger und achtziger Jahren entstanden ist. Die Signalwirkung und die tatsächlichen Effekte entsprechen allerdings der kapitalistischen Ablehnung des Staates. In der öffentlichen Diskussion wurden defizitäre wie ausgeglichene Budgets zu Fetischen einander widersprechender Ideologien hochstilisiert. Als ob der Saldo aus den Einnahmen und den Ausgaben des Staates für sich schon einen Wert bilden könnte, als ob der Saldo einen Hinweis auf die Qualität der Einnahmen oder die Qualität der Ausgaben böte.

Der Ursprung der Schuldenpolitik

An dieser Stelle ist an den Ursprung der Schuldenpolitik zu erinnern. In den zwanziger und dreißiger Jahren des zwanzigsten Jahrhunderts wurde die Wirtschaftspolitik vom Bekenntnis zu ausgeglichenen Staatshaushalten bestimmt.

Ein ausgeglichener Staatshaushalt bewirkt, wie erwähnt, dass der Mittelzufluss aus den Unternehmen und den Privathaushalten zum Staat und der Zufluss vom Staat zu den Wirtschaftssubjekten gleich groß sind. Unter diesen Umständen ist von vornherein kein belebender Effekt für die Wirtschaft gegeben. Ein derartiger Effekt kann allerdings nicht vollends ausgeschlossen werden: Wenn der Staat die Mittel effizienter als die Privaten einsetzt, dann sind sehr wohl positive Wirkungen möglich. Dies ist aber kaum je der Fall und so erweist sich die notorische Schwäche des staatlichen Managements als Bremse.

Zeichnet sich die wirtschaftliche Entwicklung durch Vollbeschäftigung und attraktive Gewinne aus, spielt das Ausbleiben staatlicher Impulse keine Rolle. Mehr noch: Eine zusätzliche, vom Staat ausgelöste Nachfrage führt nur zur Überhitzung der Nachfrage und zur Inflation. Von Vollbeschäftigung und attraktiven Gewinnen war aber in der Zwischenkriegszeit 1918 bis 1938 nicht die Rede. Vielmehr dominierten die Phasen wirtschaftlicher Schwierigkeiten, die selbstverständlich zu einem geringen Aufkommen an Steuern und Abgaben führten. Wodurch der ausgeglichene Haushalt in Frage gestellt wurde.

Die damalige Reaktion hatte katastrophale Konsequenzen: Man erhöhte die Steuern, um letztlich doch den Staatshaushalt auszugleichen. Die ohnehin finanzschwachen Unternehmen und Privathaushalte wurden zusätzlich belastet, sodass noch weniger investiert und noch weniger konsumiert wurde. Wodurch erneut das Steueraufkommen sank und man mit neuerlichen Steuererhöhungen die Spirale weiter in das Unglück trieb.

Damit nicht genug: Der Staat sparte in allen Bereichen, um

auf diese Weise zum Ausgleich des Haushalts beizutragen. In der Folge gab es nur geringe Aufträge der öffentlichen Hand, Subventionen waren selten, die Beamten konnten aufgrund ihrer niedrigen Bezüge keine größere Rolle als Konsumenten spielen. Der Spareifer des Staates wirkte als zusätzliche Wirtschaftsbremse.

Im Endeffekt waren trotz aller Anstrengungen Defizite im Gefolge des geringen Aufkommens an Steuern und Abgaben nicht zu vermeiden.

Diese Kette von Konsequenzen führte zur Einsicht, dass in wirtschaftlich schwierigen Zeiten der Staat das genaue Gegenteil zu tun habe. Durch möglichst niedrige Steuern sollte er dazu beitragen, dass die Unternehmen investieren und die Privathaushalte konsumieren. Durch eigene Aufträge sollte er die Nachfrage stützen, um auf diese Weise für Beschäftigung zu sorgen und Umsätze und Gewinne auszulösen. Dies würde naturgemäß zu Defiziten führen, die nur über Kredite zu finanzieren sind. Allerdings sei dieser Effekt nicht problematisch, da die mit den Defiziten bewirkten Umsätze, Löhne und Gewinne ein zusätzliches Steueraufkommen auslösen, das zur Tilgung der Kredite beiträgt.

Aus diesen Erkenntnissen ergibt sich eine plausible Formel: In wirtschaftlich schwierigen Zeiten muss der Staat die Nachfrage stützen. Die Formel hat aber auch ein zweites, sich logisch ergebendes Element: In guten Zeiten muss der Staat über höhere Steuern und Abgaben Schulden abbauen und Reserven anlegen.

Die Realität der Budgetpolitik

Leider wird diese Formel von den Anhängern beider Lager eifrig verletzt:

Die Vertreter der Schuldenpolitik machen zwar Schulden, sorgen dabei keineswegs immer für entsprechende Impulse. Damit nicht genug. Sie nützen zudem die Phasen guter Konjunktur in der Regel nicht zum Abbau der Schulden und zum Aufbau von Reserven.

Die Vertreter des Nulldefizits vernachlässigen die Sicherung der Nachfrage und werden von sinkenden Steuereinnahmen gegen ihren Willen in Budgetabgänge getrieben.

Letztlich landen beide Lager im Defizit, sodass sich die Frage nach dem kleineren Übel stellt.

Tatsächlich sorgt die aktive Schuldenpolitik für Vorteile, die ihr den Charakter des „kleineren Übels“ zuweisen. Es kommt vorweg zu Wirtschaftsimpulsen, die sich jedenfalls positiv auf den Konsum und die Investitionstätigkeit auswirken, auch wenn nicht jeder Impuls ideale Effekte hat. Der Konsum und die Investitionen sorgen für Arbeitsplätze und ein erhöhtes Steueraufkommen.

Demgegenüber bremst die Politik des Nulldefizits von vornherein die Nachfrage, das Sozialprodukt entwickelt sich unbefriedigend mit allen negativen Folgen für den Arbeitsmarkt und die Insolvenzsituation, das Steueraufkommen sinkt und der Staatshaushalt schließt doch mit einem Defizit ab, das die Staatsschulden anwachsen lässt.

Somit ist das Bekenntnis zum Nulldefizit auf jeden Fall abzulehnen, ohne dass deshalb jede Defizitpolitik von vornherein positiv zu bewerten ist. Mehr noch: Die Frage „Defizit ja oder nein?“ wie auch die Frage „Wie hoch darf das Defizit sein?“ und die ergänzende Frage „Wie hoch darf das Defizit in Relation zum Sozialprodukt sein?“ sind ohne Zweifel wichtig, treffen aber keineswegs den Kern der Problematik.

Die erste Frage müsste wohl lauten: „Ist die Nachfrage nach Waren und Dienstleitungen ausreichend, um ein hohes Beschäftigungsniveau zu sichern?“

Lautet die Antwort „Ja“, so sollte die Konsequenz einfach sein: Eine zusätzliche Nachfragestützung ist nicht erforderlich und könnte sogar zu Überhitzungserscheinungen führen. Ein Defizit ist nicht angebracht, vielmehr empfiehlt sich eine Anhebung der Steuern, die in der Konjunktur leichter verkraftbar ist und zum Abbau alter Schulden wie zur Schaffung von Reserven verwendet werden kann.

Die Antwort ist nicht mehr so einfach wie früher

Lautet die Antwort „Nein“, dann beginnt die große Herausforderung an die Wirtschaftspolitik. Die nächstliegende Reaktion ist ohne Zweifel ein Staatsdefizit, das über niedrige Steuern und Aufträge der öffentlichen Hände für Impulse sorgt. Leider ist die Lösung nicht so einfach. Nicht mehr.

Lange bewegten sich die Volkswirtschaften auf niedrigem Niveau, sodass jeder Impuls positive Effekte hatte. Wenn es keine leistungsfähigen Straßen gibt, wirkt jeder Kilometer Autobahn wie ein Wirtschaftsförderungsprogramm, wenn der Großteil der Bevölkerung in unbefriedigenden Wohnverhältnissen lebt, dann erweist sich jedes neue Wohnhaus als Konjunkturimpuls. Bildet die Bahn das wichtigste Technologie- und Verkehrsunternehmen, wird die Bestellung von Lokomotiven zur industriepolitischen Großtat.

Diese Situation ist in den Industriestaaten seit langem überwunden: Die Volkswirtschaften bewegen sich auf hohem Niveau. Dies bedeutet eine umfangreiche und kontinuierliche Investitionstätigkeit in allen Bereichen. Die Investitionstätigkeit des Staates spielt seit langem keine dominierende Rolle mehr, sondern bildet ein nach wie vor wichtiges, aber nicht überragendes Element im Gesamtaufkommen. Vereinfacht ausgedrückt: Der Bau einer neuen Autobahn ist nach wie vor ein willkommener Auftrag, verändert aber längst nicht mehr nachhaltig die volkswirtschaftliche Gesamtrechnung.

Dieser Umstand darf die Politik nicht dazu verleiten, die öffentliche Investitionstätigkeit generell zu vernachlässigen, gleichsam unter dem Motto „es würde ohnehin nicht auffallen“. Im

Gegenteil, es fällt auf. Bevor allerdings auf dieses Auffallen näher eingegangen sei, ist der Mechanismus aufzudecken, der zur Droselung der öffentlichen Investitionstätigkeit führt.

Im Bemühen, die Staatsausgaben und somit die Defizite zu senken, erweist sich in der Praxis eine Reduktion der Belegschaften in den öffentlichen Stellen oder eine Korrektur der Sozialausgaben als politisch schwer durchsetzbar. Das Streichen von einzelnen Investitionen, das zumeist auch nur als Verschiebung getarnt wird, lässt sich hingegen relativ leicht bewerkstelligen. Man „spart" – wie in der Zeit zwischen den beiden Weltkriegen –, man spart am falschen Platz. Die Folgen bleiben nicht aus, womit die Frage angesprochen ist, in welchen Bereichen der Staat als Investor gefordert erscheint.

Diese Frage klingt sehr ähnlich wie die Frage, in welchen Bereichen der Staat aktiv zu sein hat. Hier geht es nicht primär darum, wo der Staat aktiv zu sein hat, hier geht es schlicht um die Bereiche, die der Staat verwaltet, um jene 30 bis 50 Prozent des Sozialprodukts, die der Staat in seinen vielfältigen Erscheinungsformen tatsächlich verantwortet. Und in diesen hat er sehr wohl die Möglichkeit, eine kluge Investitionspolitik zu betreiben.

Das Wort „klug" ist bewusst gewählt. Der Staat muss wie jeder Verantwortungsträger den laufenden Investitionsbedarf befriedigen. Es ist sinnlos, notwendige Anschaffungen in der Hochkonjunktur zu unterlassen, diese aber in Schwächeperioden zu forcieren. Dass in der Realität der staatlichen Verwaltung notwendige Anschaffungen tatsächlich unterbleiben, nicht aus Rücksicht auf die Gefahr einer Konjunkturüberhitzung, sondern im Hinblick auf Sparmaßnahmen zur Defizitverringerung, sei nicht übersehen. Erforderlich ist aber ein bedarfsgerechter, kontinuierlicher, von der Konjunktur unabhängiger Einsatz.

Klug würde bedeuten, dass der Staat größere Investitionen in Flautephasen forciert. Es würde sich das organische Gegenstück zur Wirtschaft ergeben. Firmen kaufen selbstverständlich jederzeit eine jeweils unbedingt notwendige neue Maschine, zur Errichtung einer neuen Fabrik werden sie aber nur durch eine gute Konjunktur animiert. Der Staat wäre umgekehrt aufgefordert, in Flautephasen größere Investitionen vorzunehmen.

Mit diesem Verhalten würde der Staat aber immer erst ein bescheidenes Scherflein zur Stabilisierung der Konjunktur beitragen, da er, wie erwähnt, nur mehr einen Teil der gesamten Investitionstätigkeit verantwortet. Vor allem bedeutet die Aufforderung, den laufend anfallenden Investitionsbedarf zu decken, dass nur ein bescheidener Teil auch der staatlichen Investitionen als konjunkturpolitisches Instrument einsetzbar ist. Der Staat kann somit die Konjunktur nicht im Alleingang absichern, er kann sie aber durch einen falsch verstandenen Spareifer beeinträchtigen.

Wirtschaftspolitik ist folglich über staatliche Investitionen nur mehr in kleinem Umfang zu bewerkstelligen.

Noch einmal: Der Staat muss effizient verwaltet werden

Die Kernaufgaben des Staates sind als „Hoheitsverwaltung" definiert, wobei hier nur stellvertretend für die zahlreichen Bereiche das Unterrichtswesen, die Gerichtsbarkeit, die Polizei, die kommunalen Einrichtungen, die Finanz oder das Heer erwähnt seien. Diese Aufgaben müssen erfüllt und folglich auch finanziert werden. Dass dabei dringend zu fordern ist, dass der Staat die Grundsätze eines modernen und sparsamen Managements anzuwenden hat, war bereits zu betonen. Leider wird diese Aufforderung vielfach missverstanden: Statt effiziente Strukturen zu schaffen, die ihre Aufgaben mit geringem Aufwand erfüllen können, werden vielfach schlecht funktionierende Systeme belassen, aber unzulänglich dotiert. Dieser Vorgang wird mit Sparen verwechselt und führt nur zu schlechten Dienstleistungen und unzufriedenen Mitarbeitern der öffentlichen Stellen.

Diese weit verbreitete Unsitte bewirkt, dass nicht einfach erklärt werden kann, die Einrichtungen der Hoheitsverwaltung werden benötigt und sind daher zu finanzieren. Vielmehr erscheint ein Einsparungspotenzial offenkundig: Wenn in der öffentlichen Diskussion betont wird, dass eine besser organisierte Hoheitsverwaltung den Staat, somit das Defizit und letztlich den Steuerzahler entlasten würde, ist dagegen schwer zu argumentieren. Statt über Defizite zu diskutieren, wäre es tatsächlich oft weit ergiebiger, über eine Optimierung der Verwaltung zu reden. Und diese Aufforderung gilt gleichermaßen für die Befürworter einer Defizitpolitik wie für die Anhänger ausgeglichener Staatshaushalte.

Ist das Grundprinzip einer effizienten und somit tatsächlich und nicht nur scheinbar sparsamen Verwaltung verankert, dann ist die entscheidende Schwäche der meisten öffentlichen Verwaltungen behoben und die Finanzierung eine nicht zu bestreitende Notwendigkeit, die zu erfüllen ist.

Eine effiziente öffentliche Verwaltung würde nicht nur Ressourcen freisetzen, sondern auch die Diskussion über die richtige Wirtschaftspolitik von den Klagen über die Verschwendung von Steuergeldern befreien.

Untätigkeit ist keine Lösung

Die Tatsache, dass Budgetpolitik sich in wirtschaftlich hoch entwickelten Staaten viel schwieriger gestaltet als in Entwicklungsländern oder nach Kriegen und Katastrophen, sollte nicht zur Untätigkeit verleiten. Nicht zu akzeptieren ist die von Kapitalisten vertretene Ansicht, dass der Staat keine Rolle als Wirtschaftsfaktor spielen kann und darf. Allerdings ergeben auch das undifferenzierte Zulassen von Defiziten und die Hoffnung, dass diese Defizite sich segensreich auswirken werden, keine Erfolg versprechende Wirtschaftspolitik.

Somit gibt es zwar kein einfaches Rezept wie etwa in der Vergangenheit die Errichtung von Straßen oder Wohnungen, doch sollte die Nutzung zahlreicher Maßnahmen, die jede für sich klein sein mögen, erfolgen. Auf die Möglichkeit der Forcierung größerer Investitionen in wirtschaftlich schwierigen Zeiten wurde bereits verwiesen. Diese als antizyklische Investitionspolitik bezeichnete Vorgangsweise ist sicher hilfreich, kann aber angesichts der geschilderten, verhältnismäßig geringen Rolle der staatlichen Investitionen nur beschränkte Wirkungen zeitigen. Eine entscheidende Bedeutung kommt der Dotierung von Forschung und Bildung zu, die beide nicht nur größere Aufwendungen auslösen, sondern vor allem die künftige Wettbewerbsfähigkeit der Unternehmen wie der Bürger sichern.

Auch wenn die Politik gefordert ist, alle Möglichkeiten des Staates zu nützen, so ist die Tatsache nicht zu leugnen, dass die Ausgabenseite nur mehr bescheidene Möglichkeiten der Konjunkturstützung bietet. Das Interesse konzentriert sich somit auf die Einnahmenseite, die von der Steuerpolitik bestimmt wird.

Eine Steuersenkung soll man sich nicht leisten können

Die Formel, in wirtschaftlich schwierigen Zeiten möge der Staat die Nachfrage über Defizite stützen, in Phasen der Hochkonjunktur Zurückhaltung üben, lässt sich vor allem über Steuersenkungen und Steuererhöhungen in die Tat umsetzen.

Allerdings findet in jüngster Zeit ein gefährlicher Satz breite Zustimmung: „Eine Steuersenkung muss man sich leisten können." Diese Feststellung kommt im Publikum sehr gut an, weil sie sich in die allgemeine Vorstellung einfügt, man dürfe nicht über seine Verhältnisse leben, vielmehr sei Sparsamkeit eine an und für sich lobenswerte Tugend. Dass der Einzelne nicht über seine Verhältnisse leben soll, ist unbestritten, nur hat diese Maxime nichts mit volkswirtschaftlichen Erfordernissen gemein. Das genaue Gegenteil ist der Fall.

Der Satz „Eine Steuersenkung muss man sich leisten können" bedeutet, dass der Staat nur dann die Steuern senken darf, wenn seine Kassen voll sind. Schließlich sage einem doch der gesunde Menschenverstand, dass niemand etwas hergeben könne, was er nicht besitzt. Nur erweist sich der vermeintlich gesunde Menschenverstand in diesem Zusammenhang als außerordentlich ungesund.

„Leisten" kann sich ein Staat eine Steuersenkung, wenn er über hohe Einnahmen verfügt. Dies ist der Fall, wenn die Unternehmen hohe Gewinne erwirtschaften, die Arbeitnehmer gut verdienen und viel konsumiert und investiert wird. Senkt der Staat in dieser Situation die Steuern, dann stellt er den Unternehmen und den Privathaushalten zusätzliche Mittel zur Verfügung, die diese investieren oder konsumieren. Zusätzliche Investitionen und Konsumausgaben bedeuten in einer florierenden Wirtschaft nur eine Nachfrage, die die Position der Anbieter übermäßig stärkt und folglich die Teuerung anheizt.

Somit darf ein Staat, der sich eine „Steuersenkung leisten kann", auf keinen Fall eine Steuersenkung vornehmen. Im Gegenteil: Ein starkes Aufkommen an Steuern und Abgaben sollte zum Abbau von Schulden und zum Aufbau von Reserven genutzt werden. Ein Staat, der sich eine Steuersenkung leisten kann, soll vielmehr die Steuern erhöhen.

Dieses Paradoxon ist dem breiten Publikum schwer zu vermitteln und somit auch die weitere Konsequenz: Ein Staat, der ein geringes Aufkommen an Steuern und Abgaben verzeichnet, sich somit keine Steuersenkung leisten kann, muss unbedingt die Steuern senken, um die Investitionstätigkeit und den Konsum anzukurbeln.

Tatsächlich befinden sich der gesunde, gemeine Menschenverstand und die volkswirtschaftliche Logik im krassen Gegensatz zueinander. Da aber Konjunkturpolitik über eine Steuerung der Ausgaben angesichts der geschilderten Probleme in entwickelten Volkswirtschaften nur mehr schwer möglich ist, bietet sich die Steuerpolitik und somit die Einnahmenseite als willkommenes Betätigungsfeld an.

Die Anhänger kapitalistischer Thesen stehen einer dynamischen und differenzierten Steuerpolitik zweifach skeptisch gegenüber. Zum ersten plädieren sie für eine ausgeglichene Gebarung, somit für ein Nulldefizit. Vor allem aber treten sie für kontinuierlich niedrige Steuern ein, die im Sinne des Vorrangs des Marktes dem Unternehmer die Entscheidungsfreiheit über die verfügbaren Ressourcen überlassen. Mit beiden Thesen glaubt man, einfache Antworten gefunden zu haben. Die Realität ist komplexer.

Steuersenkung ist kein Patentrezept

Eine Steuersenkung, mehr noch: generell niedrige Steuern werden allgemein als positiv erlebt. Tatsächlich sind niedrige Steuern grundsätzlich ein erfreulicher Wirtschaftsfaktor. Den Unternehmen und Privathaushalten bleibt ein höheres verfügbares Einkommen, das sie für Investitionen und Konsumausgaben verwenden können. In der Folge ergibt sich in der Regel ein größeres Sozialprodukt, da meist die Mittelverwendung im privaten Bereich effizienter ist als im öffentlichen. Wenn in den USA sich die Quote der öffentlichen Abgaben bei 30 Prozent des Volkseinkommens bewegt, in Europa hingegen bei 50 Prozent, so ist dies mit eine der Ursachen für das deutlich höhere Sozialprodukt der USA.

Dieser Umstand sei an einem Beispiel demonstriert: Ein Unternehmen, das 100.000 Euro erwirtschaftet und davon 50.000 behalten kann, ist naturgemäß für die Zukunft weniger gut gerüstet als ein vergleichbarer Betrieb, der von 100.000 Euro nur 30.000 an den Staat abführen muss und 70.000 Euro selbst verwendet. Diese unbestreitbar richtige Argumentation hat zu der vereinfachten wirtschaftspolitischen Maxime geführt, hohe Steuern seien jedenfalls negativ und niedrige Steuern positiv zu beurteilen.

In der Praxis ist allerdings ein differenzierter Zugang zu dem Thema erforderlich. Vorweg ist die Frage nach der Mittelverwendung durch den Staat zu stellen. Wenn der Staat tatsächlich extrem ineffizient agiert, dann erübrigt sich eine weitere Diskussion. Ist dies allerdings nicht der Fall, so sind mehrere Varianten zu beachten.

Staaten im Aufbau, nach Kriegen oder wirtschaftlichen Krisen oder ineffizienten Systemen haben einen extrem hohen Kapitalbedarf, um die Infrastruktur aufzubauen. Da erweisen sich niedrige Steuern als problematisch. In diesem Zusammenhang sei auf die Praxis in den neuen Mitgliedstaaten der EU in Osteuropa verwiesen, die die Folgen der kommunistischen Staatswirtschaften verkraften müssen, aber dennoch extrem niedrige Steuersätze verrechnen. Sie tun dies in der Absicht, ausländische Investoren anzulocken, und haben in dieser Beziehung auch Erfolg. Übersehen wird aber die Tatsache, dass zwar ausländische Investoren unverzichtbar, aber nicht allein in der Lage sind, eine Volkswirtschaft zu entwickeln. Es bedarf stets einer breiten, tragfähigen Schicht von Klein- und Mittelbetrieben, die von der Bevölkerung des Landes gebildet wird.

Und diese weisen ein sehr menschliches Verhalten auf, das generell den mittelständischen Unternehmer charakterisiert. Nicht nur in Aufbauphasen, nicht nur in Osteuropa. Ein höheres verfügbares Einkommen wird oft – sicher nicht immer – eingesetzt, um sehr persönliche Wünsche zu erfüllen, womit aber meist nicht den Erfordernissen des eigenen Betriebs gedient ist. Die von Theoretikern gerne vertretene Ansicht, dass der Unternehmer immer das Wohl seines Unternehmens, die Widerstandsfähigkeit, die Konkurrenzfähigkeit und den Gewinn im Auge hat, erweist sich nur zu oft als Illusion. Dass die These, Fehler werden vom Markt bestraft und enden daher im verdienten Untergang des Unternehmens, zwar richtig, aber nicht unbedingt hilfreich ist, wurde schon betont.

Somit erweist sich eine Steuerpolitik als empfehlenswert, die man als „Investitionspeitsche" bezeichnen könnte. Die Steuersätze sind generell hoch, doch werden großzügige Erleichterungen gewährt, wenn der Unternehmer investiert. Die für jedermann nachvollziehbare Formel lautet: „Wer investiert, zahlt wenig oder gar keine Steuern, wer nicht investiert, muss den Großteil des Gewinns an den Staat, somit an die Allgemeinheit, abgeben." Da die Investitionen Vermögenswerte darstellen, die dem Unternehmer verbleiben und zudem den Betrieb stärken, tritt die gewünschte Reaktion ein: Es wird kräftig investiert. Und das kontinuierlich, da eine Unterbrechung der Investitionstätigkeit wieder in die Steuerfalle führt. Zudem wird eine Verringerung der Steuerlast immer mit Freude betrieben.

Auf diese Art wird die Wettbewerbsfähigkeit der Wirtschaft gesichert und dafür gesorgt, dass die über die Investitionen hinaus erwirtschafteten Gewinne den Staat finanzieren. Vor allem aber: Diese Politik trägt sehr wohl dem Prinzip Rechnung, dass niedrige Steuern auch gute Steuern sind, allerdings nur, wenn ein wirtschaftsfreundliches Investitionsverhalten vorliegt. Diese Grundsätze wurden in den fünfziger Jahren in Österreich von Finanzminister Reinhard Kamitz mit tatkräftiger Unterstützung des Generalsekretärs der Industriellenvereinigung, Franz C. Fetzer, umgesetzt. Damit wurde ein entscheidender Beitrag zum Aufschwung des Landes in den Folgejahren geleistet.

Die Kombination von Investitionspeitsche und attraktiver Kapitalverzinsung

Kein Vorteil ohne Nachteil. Die uneingeschränkte Anwendung der Investitionspeitsche und die damit verbundene hohe Besteuerung der Gewinne schrecken naturgemäß Investoren ab, die an attraktiven Ausschüttungen interessiert sind. Dies gilt für private Anleger. Aber naturgemäß für international tätige Unternehmen, die für ihre Investitionen Staaten mit niedrigen Steuern bevorzugen. Auf das Engagement dieser beiden Gruppen will und kann niemand verzichten, sodass Systeme empfehlenswert sind, die beiden Anliegen – der Investitionspeitsche und der attraktiven Kapitalverzinsung – Rechnung tragen. Dieses Ziel ist allerdings mit der simplen Formel „Die Steuern nieder“ nicht zu erreichen. Da bedarf es eines sehr differenzierten Systems von klug gewählten Anreizen.

Wie subtil ein Steuersystem sein soll, sei noch an einem anderen Beispiel demonstriert. Die geschilderte Investitionspeitsche hat sich als probates Mittel für Staaten im Aufbau erwiesen. Bei hoch entwickelten Wirtschaften, die aber eine ungenügende Investitionstätigkeit aufweisen, wirkt die Investitionspeitsche ebenfalls positiv. Allerdings wird in vielen Industriestaaten die Forcierung von Investitionen weniger dringlich sein als die Intensivierung der Forschung. Die nahe liegende Konsequenz ist der Ruf nach einer „Forschungspeitsche".

Während Investitionen klar definierbar sind und somit Gebäude, Maschinen, Geschäftslokale oder Computerprogramme darstellen, sind Ausgaben für Forschung schwerer abzugrenzen und führen zudem oft nicht zu verwertbaren Ergebnissen. Ein Grundsatz der Besteuerung besagt aber, dass Aufwendungen nur Gewinn mindernd geltend gemacht werden können, wenn sie das Erwirtschaften von Umsätzen und Gewinnen ermöglichen. Ergebnislose Forschungen erweisen sich unter diesen Umständen als problematisch. Es liegt aber in der Natur der Forschung, dass nicht alle Initiativen zu Ergebnissen führen, sodass steuerliche Regelungen erforderlich sind, die auch Fehler akzeptieren, aber den Missbrauch eingrenzen.

Steuern sind ein zentrales Instrument der Wirtschaftspolitik

Während die Staatsausgaben nur mehr beschränkte Möglichkeiten bieten, stellt die Steuerpolitik ein zentrales Instrument dar, mit dem die Politik die wirtschaftliche Entwicklung beeinflussen kann. Die These der Kapitalisten, dass es genüge, die Steuern niedrig zu halten, und die Unternehmer würden von sich aus für eine florierende Wirtschaft sorgen, erweist sich als Illusion. Eine flexible Steuerpolitik, die in der Hochkonjunktur die Unternehmen und die Privathaushalte zur Kassa bittet, aber in der Flaute für Wachstumsimpulse sorgt, bringt bessere Ergebnisse als das einfache „Laisser-faire".

Da Steuerpolitik immer noch in die nationale Kompetenz fällt, selbstverständlich in Staaten, die nicht in Wirtschaftsgemeinschaften eingebunden sind, aber auch in der Europäischen

Union, steht der Umsetzung der hier geschilderten Faktoren nichts im Wege. Allerdings sollte die Problematik des Steuerwettbewerbs der Staaten nicht übersehen werden. Es war schon auf die negativen Folgen der Versuche mancher Staaten zu verweisen, ihren Mitbewerbern durch extrem niedrige Sätze Investoren abspenstig zu machen.

Empfehlenswert ist eine international abgestimmte Steuerpolitik, die den wirtschaftlichen Erfordernissen Rechnung trägt und nicht die Staatshaushalte zu einer Art Basar umfunktioniert. Diese Vorgabe dürfte naturgemäß nicht dazu führen, dass weltweit die gleiche Steuerpolitik betrieben wird. Eine derartige Vereinheitlichung würde den regionalen Unterschieden nicht gerecht werden und ohne Zweifel mehr Schaden anrichten als die derzeitige Praxis.

Betrachtet man beispielsweise die Entwicklung der EU im Jahrzehnt 1995 bis 2005, so fallen das extrem schwache Wachstum, die hohe Arbeitslosigkeit und das Zurückbleiben hinter den anderen Wirtschaftsblöcken auf. Da wäre eine akkordierte Steuerpolitik, die für eine Belebung der Investitions- und Forschungstätigkeit gesorgt hätte, hilfreich gewesen.

Umgekehrt ist in den USA nicht nachvollziehbar, warum das seit 1991 konsequent anhaltende Wirtschaftswachstum nicht genützt wurde, um durch eine Anhebung der Steuern das explodierende Staatsdefizit zu stabilisieren. Im Gegenteil, es kam immer wieder zu zusätzlichen Erleichterungen. Eine Steuererhöhung hätte zudem die verfügbaren Einkommen gekürzt, wodurch in der Folge auch der Importsog nachgelassen hätte und das ebenfalls dramatisch hohe Leistungsbilanzdefizit gesunken wäre.

In den aufstrebenden Industriestaaten wiederum ist die Sicherung des Aufschwungs durch eine moderate Steuerpolitik verständlich, die Begünstigungen dürften aber nicht dazu führen, dass ein extrem niedriges Steueraufkommen den Aufbau einer funktionierenden Infrastruktur und tragfähiger Sozialsysteme unmöglich macht.

Der Weg dahin ist weit. Die nationalen Regierungen pochen auf ihr Recht, die Steuerpolitik selbstständig zu gestalten. Damit nicht genug. Die Grundsätze der Steuerpolitik, die im Kern aus der Steuerpsychologie resultieren, sind nicht allgemein anerkannt. Und das nicht ohne Grund: Nicht jeder reagiert gleich, nicht jede Gruppe reagiert wie die andere, zahlreiche Faktoren bestimmen das Verhalten der Steuerbürger. Womit allerdings nicht nur die Fragen an die Psychologie zu richten sind, sondern auch an die Politik, an die Religion, an die Philosophie, kurzum an alle Elemente, die eine Gesellschaft steuern und gestalten.

Der Einzelne – das unbekannte Wesen

Die Beschäftigung mit dem Kapitalismus führt immer wieder zur Aufforderung, doch alles dem Markt zu überlassen. Die Logik des „Laisser-faire“ hat auch unbestreitbar ihre Berechtigung, da nur in der freien Entfaltung des Einzelnen die besten Ergebnisse erzielt werden können. Das Gegenstück bildet die staatliche Lenkung, die von vornherein zum Scheitern verurteilt ist, da Zentralstellen nicht in der Lage sein können, für Millionen Menschen zu denken und deren Aktionen zu bestimmen.

Im Bemühen um einfache Lösungen endet die Befassung mit dem Thema meist an dieser Stelle. Zu verführerisch ist das Argument, dass jede weitere Diskussion doch nur eine Einschränkung des „Laisser-faire“ bedeute und somit in die Irre führen müsse. Auf diese Weise wird allerdings – vermutlich unbewusst, aber dennoch – die Behauptung aufgestellt, man könne nur zwischen Anarchie und Diktatur wählen, und ein Bekenntnis zur Anarchie abgelegt.

Dass zwischen den beiden Extremen sinnvolle und erfolgreiche Varianten gegeben sind, sollte keiner besonderen Betonung bedürfen. Sollte. Tatsächlich ist aber ein Plädoyer für eine differenzierte Betrachtungsweise dringend geboten.

In diesem Zusammenhang sei auf ein bemerkenswertes Phänomen verwiesen: Nach der Beseitigung der kommunistischen Staatswirtschaft in Russland wurde der Marxismus als Maxime vom Kapitalismus abgelöst. Und dabei wurde der Kapitalismus als totale Freiheit verstanden. Hinweise von westlichen Besuchern auf die Notwendigkeit von Regelwerken wurden mit dem Hinweis quittiert, das kenne man doch schon aus dem Kommunismus und habe genug davon.

Tatsächlich verlangt aber die Aufforderung, alles dem Einzelnen zu überlassen, eine Analyse des Einzelnen. Wer und wie ist dieser Einzelne oder diese Einzelne? Diese Frage setzt beim Menschen selbst an und nicht bei einer Instanz, die den Menschen zu bestimmen versucht. Diese Frage fordert Antworten ein, die Orientierungen für die Gesellschafts- und Wirtschaftspolitik geben sollen.

Den Ausgangspunkt der Überlegungen bildet die Annahme, dass jeder Einzelne um sein Wohl besorgt sei und das Beste für sich schaffen werde. Diese Grundeinstellung kann getrost als gegeben angenommen werden. Die entscheidenden Fragen sind aber andere: Was ist das Beste? Und weiter: Woher bezieht der Einzelne die Kriterien für die Bestimmung des Besten? Ist das Beste eine allgemein gültige Zielvorgabe oder definiert jeder Einzelne das Beste anders? Diese Fragen sind nicht einfach zu beantworten. Sie fordern zudem Antworten ein, die im Wesentlichen nur das Ziel betreffen. Das Ziel wird aber entscheidend von den Voraussetzungen geprägt. Ist der Einzelne auch ausgerüstet, um das Beste für sich zu schaffen? Welche Ausbildung hat der Einzelne, welche Umgebung prägt ihn, fühlt er sich einer Religionsgemeinschaft zugehörig, einem politischen Lager, wie sind seine Lebensumstände?

Die wenigen Fragen machen schon die Vielfalt der Bestimmungsfaktoren deutlich. Der Hinweis auf die Bestimmungsfaktoren öffnet aber den Blick auf eine weitere Problematik. Alle gesellschaftlichen Systeme zeichnen Menschenbilder: Monarchie und Demokratie, Kapitalismus und Marxismus, Katholizismus und Protestantismus, Judentum und Islam, alle geben Grundeinstellungen und Verhaltensmuster vor. Und alle versuchen, die Menschen nach diesen Bildern zu formen, wobei die Varianten von der diskreten Überzeugungsarbeit über eine strenge Erziehung bis hin zu Zwangsmaßnahmen reichen.

Jeder Einzelne wird zudem nicht nur von einer einzigen gesellschaftlichen Richtung bestimmt. Vielmehr ergeben Vorgaben wie

Ziele aus den verschiedenen Bereichen ein individuelles Menschenbild.

Zwei gesellschaftliche Grundmuster

Die Einstellung der Einzelnen wird von einer Vielzahl von Faktoren geprägt, die sich zu einer bestimmenden Orientierung fügen. Da mengen sich Vorgaben der jeweiligen Religion mit politischen Programmen und überlieferten Erziehungspraktiken, die ihren Niederschlag im wirtschaftlichen Verhalten des Einzelnen finden.

Dominiert in dieser Gemengelage von Vorgaben das Bekenntnis zur Eigenverantwortung und die Überzeugung, dass die eigene Leistung über das eigene Schicksal entscheidet, so ergibt sich ein bestimmtes Verhaltensmuster des Einzelnen.

Steht hingegen die Einordnung in ein System im Vordergrund, wird die Verantwortung von höheren Instanzen betont, die für ihre Untergebenen zu sorgen haben; ist die Gemeinschaft als helfende und schützende Hand präsent, dann kommen naturgemäß andere Verhaltensweisen zum Tragen.

Die Wirtschaftspolitik wird von den jeweiligen Grundmustern gemeinsam mit den anderen Bestimmungsfaktoren geprägt. Eigenverantwortung und das Bekenntnis zur eigenen Leistung kommen der kapitalistischen Wirtschaftsauffassung entgegen. Jeder kümmert sich selbst um seine Anliegen und erwartet von vornherein keine Hilfe von der Gemeinschaft.

Kapitalismus stößt hingegen auf Schwierigkeiten, wenn im Selbstverständnis des Einzelnen die Überzeugung verankert ist, die Gesellschaft trage in letzter Konsequenz die Verantwortung für die wirtschaftliche Absicherung der Bürger.

In diesen beiden Grundmustern findet die Geistesgeschichte ihren Niederschlag. Eigenverantwortung und Individualität sind die wesentlichen Merkmale des Liberalismus: John Locke (1632–1704), der englische Philosoph des siebzehnten Jahrhunderts, schuf die Grundlagen des liberalen Verfassungsstaates durch sein Bekenntnis zu Gleichheit, Freiheit und das Recht auf Unverletzlichkeit der Person und des Eigentums. Die amerikanische Unabhängigkeitserklärung übernahm die Formulierungen von Locke, die Französische Revolution orientierte sich an seinen Schriften und auch im Grundrechtskatalog der deutschen Bundesverfassung aus dem Jahr 1949 finden sich Textstellen aus Lockes Werken.

Allerdings darf man nicht übersehen, dass die Geschichte des Liberalismus nur etwas mehr als zwei Jahrhunderte zählt und nur in den USA so lange den gesellschaftlich bestimmenden Faktor bildet. Es ist somit nicht verwunderlich, dass in den USA der Kapitalismus, der den Liberalismus als Basis braucht, erfolgreich ist. Wobei hier daran erinnert werden muss, dass die Rechte des Individuums, das im Wettbewerb mit anderen selbstständigen Individuen agiert, nicht immer für alle Amerikaner galt: Der Sezessionskrieg zwischen den Nord- und den Südstaaten der USA, 1861 bis 1865, wurde nicht zuletzt geführt, weil der Süden sich weigerte, die Sklaverei abzuschaffen.

In Europa ist der Liberalismus als bestimmendes Gesellschaftsmodell viel jünger. Die Geschichte des neunzehnten Jahrhunderts ist geprägt von kleinen Erfolgen und vielen Rückschlägen beim Bemühen um die Durchsetzung der Lockeschen Prinzipien gegen den sich hartnäckig haltenden Absolutismus. Erst das zwanzigste Jahrhundert brachte den Durchbruch auf breiter Basis. Somit ist es nicht erstaunlich, dass im Alltag bis heute starke Elemente einer hierarchisch aufgebauten Gesellschaft spürbar sind.

Das Bekenntnis zur Autorität des Staates hat im Gegensatz zu Locke ebenfalls seine theoretische Fundierung, die besonders deutlich von Thomas Hobbes (1588–1679), wie Locke ein englischer Philosoph im siebzehnten Jahrhundert, formuliert wurde. Auch er spricht die Initiative des Einzelnen an, sieht aber darin keine Grundlage einer positiven Entwicklung, sondern im Gegenteil den Weg in den Krieg aller gegen alle, da „der Mensch dem Menschen ein Wolf" (homo homini lupus) sei. Folglich müssen alle Rechte einem Souverän übertragen werden, der allmächtig ist, niemandem Rechenschaft ablegen muss und allein über Recht und Moral entscheidet. Nur so könnten die Menschen in Zaum gehalten und der Friede im Land gesichert werden.

Protestantismus und Kapitalismus

Diese Gegensätze auf der politischen Ebene haben schon viel früher in der Religionsgeschichte ihre Vorläufer. Die katholische Religion ist geprägt durch das Dogma und die Autorität der Kirche, die dem Einzelnen eng gezogene Richtlinien vorgeben. Der Protestantismus hingegen betont stärker die Eigenverantwortung: Martin Luther (1483–1546) sprach vom Priestertum aller Gläubigen und sah das geistliche Amt nur als eine von der Gemeinde delegierte Funktion. Die Rechtfertigung des Menschen vor Gott begründete er ausschließlich und unmittelbar in Jesus Christus und lehnte die Rolle der Kirche und ihrer Einrichtungen als Vermittlungsinstanzen ab.

Am Rande vermerkt sei ein Paradoxon: Die Betonung des einzelnen Gläubigen und die Ablehnung der kirchlichen Autorität haben den Protestantismus zu einem Wegbereiter liberaler Gedanken gemacht. Auch die Aufforderung zu einem konsequent gottgefälligen Verhalten. Allerdings meinte Luther, dass die bereits angesprochene Rechtfertigung des Einzelnen vor Gott nicht durch seine Leistungen zu erreichen sei. Die Rechtfertigung erfolge nur durch die Gnade des Glaubens an Jesus Christus, von der Erbsünde könne man sich durch Leistungen nicht befreien. Diese in Anlehnung an den Apostel Paulus vertretene Auffassung hätte ohne die anderen Elemente des Protestantismus wohl kaum den Weg zum Liberalismus geebnet.

Martin Luther löste die Reformationsbewegung im Jahr 1517

aus, als er seine berühmten 95 Thesen an der Schlosskirche zu Wittenberg befestigte. Doch das Tridentinische Konzil sorgte bereits 1545 bis 1563 für die Gegenreformation, die bis heute in den Grundsätzen der katholischen Kirche nachwirkt. Die europäische Religionsgeschichte war in den folgenden Jahrhunderten vom Gegensatz der autoritären katholischen Ausrichtung und der liberaleren protestantischen Bewegung geprägt.

Im angelsächsischen Raum, in Großbritannien und den USA, setzte sich die Reformation in verschiedenen Ausprägungen durch, sodass auch die Entwicklung im religiösen Bereich den Unterschied im Verhalten und folglich in den wirtschaftlichen Ergebnissen zwischen den USA und Europa mitbegründet. In diesem Zusammenhang sei aus eine Analyse zitiert, die der Soziologe Max Weber (1864–1920) nach einer Studienreise durch die USA 1904 unter dem Titel „Die protestantische Ethik und der Geist des Kapitalismus" formulierte.

Weber sieht den angelsächsischen Puritanismus als Weiterentwicklung des Calvinismus und hält sich dabei an die Schriften des puritanischen Theologen Richard Baxter (1615–1691), der insbesondere im Schulunterricht bestimmenden Einfluss hatte.

„Nicht Arbeit an sich", schrieb Weber, „sondern rationale Berufsarbeit ist das von Gott Verlangte. Auf diesem methodischen Charakter der Berufsaskese liegt bei der puritanischen Berufsidee stets der Nachdruck, nicht, wie bei Luther, auf dem Sichbescheiden mit dem einmal von Gott zugemessenen Los. Daher wird nicht nur die Frage, ob jemand mehrere callings (Berufe) kombinieren dürfe, unbedingt bejaht – wenn es für das allgemeine Wohl oder das eigene zuträglich und niemandem sonst abträglich ist, und wenn es nicht dazu führt, dass man in einem der kombinierten Berufe ungewissenhaft (unfaithful) wird. Sondern es wird auch der Wechsel des Berufs als keineswegs an sich verwerflich angesehen, wenn er nicht leichtfertig, sondern um einen Gott wohlgefälligeren, und das heißt dem allgemeinen Prinzip entsprechend nützlicheren Beruf zu ergreifen, erfolgt.

Und vor allem: die Nützlichkeit eines Berufs und seine entsprechende Gottwohlgefälligkeit richtet sich zwar in erster Linie nach sittlichen und demnächst nach Maßstäben der Wichtigkeit der darin zu produzierenden Güter für die ‚Gesamtheit', aber alsdann folgt als dritter und natürlich praktisch wichtigster Gesichtspunkt: die privatwirtschaftliche ‚Profitlichkeit'. Denn wenn jener Gott, den der Puritaner in allen Fügungen des Lebens wirksam sieht, einem der Seinigen eine Gewinnchance zeigt, so hat er seine Absichten dabei. Und mithin hat der gläubige Christ diesem Rufe zu folgen, indem er sie sich zunutze macht. ‚Wenn Gott Euch einen Weg zeigt, auf dem Ihr, ohne Schaden für Eure Seele oder für andere in gesetzmäßiger Weise mehr gewinnen könnt als auf einem anderen Wege und Ihr dies zurückweist und den minder gewinnbringenden Weg verfolgt, dann kreuzt Ihr einen der Zwecke Eurer Berufung (calling). Ihr weigert Euch, Gottes Verwalter (steward) zu sein und seine Gaben anzunehmen, um sie für ihn gebrauchen zu können, wenn er es verlangen sollte. Nicht freilich für Zwecke der Fleischeslust und Sünde, wohl aber für Gott dürft Ihr arbeiten, um reich zu sein.'"

Hat der Kapitalismus schon gesiegt?

Angesichts der beiden gesellschaftlichen Grundmuster ist nun die Frage nach dem Einzelnen, der sich im Laisser-faire frei bewegt, erneut zu stellen. Der Kapitalismus kann nur im Liberalismus funktionieren, der als entscheidenden Wert die Eigenverantwortung und die Eigenleistung vermittelt. In einer hierarchisch aufgebauten Gesellschaft mit starken Autoritäten führt der Kapitalismus in die Krise: Die Aufforderung zum Laisser-faire wird nur von den höheren Instanzen und den Vertretern der helfenden Gemeinschaft aufgenommen, die ihre Freiheit, ihre Position nützen und jene, die sich ihrem Schutz anvertrauen, unter Druck setzen.

Es gibt keine Gesellschaft, die nur aus leistungsfähigen und leistungswilligen Menschen besteht. Sind allerdings Leistung und Eigenverantwortung die bestimmenden Maximen, dann kann davon ausgegangen werden, dass eine tragende Mehrheit diese Vorgaben auch umsetzt. In einer Struktur von Abhängigen liegt die Verantwortung bei einigen wenigen, die einem strikten Kodex gehorchen müssten und nicht ihrem Gutdünken nachgeben dürften.

Allerdings befinden sich in der internationalen Wirtschaft alle im Wettbewerb mit allen, sodass nur mehr die beste Leistung überzeugt. In dieser Beziehung ist eine Diskussion über den Kapitalismus nicht mehr möglich: Niemand kann sich der Konkurrenz entziehen, alle Schutzmechanismen werden hinweggefegt. Somit bilden die zwei geschilderten gesellschaftlichen Grundmuster keine Alternativen mehr. Leistung und Eigenverantwortung haben gesiegt.

Dies bedeutet aber, dass Gesellschaften, in denen die Hierarchie, die Delegation der Verantwortung nach oben, die tragende Rolle der Gemeinschaft überliefert sind, Nachteile haben: Und dies zeigt sich auch an den wirtschaftlichen Ergebnissen. Dass die USA im wirtschaftlichen Vergleich weit besser abschneiden als Europa, ist nicht zuletzt auf die Rolle der tradierten Werte zurückzuführen.

Moderne Gesellschaften haben somit als Ziel, alle Einzelnen in ein System der Eigenverantwortung und Eigenleistung einzubinden.

Westlicher Alltag in Asien?

Ist diese Schlussfolgerung tatsächlich in dieser eindeutigen Form zu rechtfertigen? Zweifel sind angebracht angesichts des spektakulären Erfolgs der japanischen Wirtschaft in den siebziger und achtziger Jahren des zwanzigsten Jahrhunderts. Die Politik konnte man getrost als eine Neuauflage des Merkantilismus bezeichnen, wie er etwa von Jean-Baptiste Colbert (1619–1683), dem großen französischen Wirtschaftspolitiker des siebzehnten Jahrhunderts, zur Entwicklung der französischen Wirtschaft betrieben wurde: Er forcierte den Aufbau der heimischen Industrie und den Export, schützte aber den inländischen Markt vor Importen. Japan tat im zwanzigsten Jahrhundert nichts anderes, wobei noch eine weitere Parallele zu Colbert auffallend war. Zwischen der Regierung und der Großindustrie bestanden enge Kontakte, Beobachter sprachen von einer gleichsam koordinierten Führung des Staates und der großen Unternehmen. Die kleinen Betriebe wurden als Zulieferer der Großen betrachtet. Ist also der Kapitalismus in der westlichen Form tatsächlich ein allgemein gültiges Rezept?

Ende der achtziger Jahre wäre diese Frage vermutlich mit Nein beantwortet worden. Zehn, fünfzehn Jahre später blickt Japan auf eine hartnäckige Rezession zurück, die sehr wesentlich auf den Umstand zurückzuführen ist, dass das Land in seinen überlieferten Strukturen erstarrt ist. In der internationalen Wettbewerbswirtschaft erscheint jede Form des Staatskapitalismus überholt.

Stets wirken mehrere Ursachen. Die Situation in Japan erfuhr eine Verschärfung durch Sonderfaktoren, die lange nicht bewältigt wurden: Eine Explosion der Grundstückspreise und der Aktienkurse hatte zu illusorischen Werten geführt, die aber als Besicherung für Finanzierungen dienten. Als beide Märkte Ende der achtziger, zu Beginn der neunziger Jahre zusammenbrachen, stürzten die wertlos gewordenen Sicherheiten die Banken in eine Jahre andauernde Krise. In der Folge waren die Banken lange nur beschränkt in der Lage, die erforderlichen Finanzierungen bereitzustellen und auf den Finanzmärkten aktiv zu werden, wodurch eine gravierende Verschärfung der wirtschaftlichen Schwierigkeiten zustande kam.

Für die Frage, ob der Kapitalismus zu einer weltweit einheitlichen Gesellschaftsform führt, ist aber ein anderer Aspekt bedeutsam. Während die Autorität der Obrigkeit und die absolute

Loyalität der Untertanen noch als Grundmuster galten und immer noch gelten, entwickelten die Japaner neue Verhaltensweisen. Vor allem werden die Führer nicht mehr kritiklos respektiert. Die Bereitschaft zum Verzicht auf persönlichen Komfort als selbstverständliches Opfer im Dienste der Allgemeinheit wurde angesichts der Gier und der Korruption von Ministern und Spitzenmanagern schwer erschüttert. Auch Japaner sehen auf Dauer nicht ein, dass einige wenige einen enormen Reichtum anhäufen, die Masse der Bevölkerung aber mit bescheidenen Einkommen auskommen soll.

Diese Entwicklungen führen zu der Annahme, dass sich die japanische Gesellschaft westlichen Lebensweisen annähert, dass der Kapitalismus sich auch in Japan durchsetzt.

In diesem Kulturkreis sind die philosophisch-religiösen Vorgaben, wie auch anderswo, nicht eindeutig. Ohne Zweifel ist die Anerkennung der Autorität nach wie vor ein wesentliches Merkmal. Der japanische Zen-Buddhismus wurde ursprünglich als Religion des Kaiserhauses konzipiert. Bis heute spielt aber der im dreizehnten Jahrhundert entstandene Mahayana-Buddhismus eine wesentliche Rolle. Diese Bewegung rückte die Erlösungschance der Einzelperson, ohne Ansehen von Alter, Geschlecht, sozialem oder religiösem Stand, in den Vordergrund. Mahayana verheißt zudem die Erlösung hier und jetzt und nicht erst nach dem Tod oder nach vielen Prüfungen, ist also eine sehr weltliche Botschaft, die dem Kapitalismus entgegenkommt.

Rettet China den Sozialismus?

Den Beweis, dass wirtschaftliche Erfolge auch ohne Kapitalismus zu erreichen sind, scheint derzeit China zu liefern. Das Land kennt seit fast sechzig Jahren keine Demokratie und wird unverändert von der Kommunistischen Partei als Alleinherrscher regiert, verzeichnet aber einen spektakulären Aufschwung, der weltweit beeindruckt. Wurde also die Krise der osteuropäischen Staaten nicht von den Systemfehlern des Kommunismus verursacht? Waren es vielmehr die Schwächen der Verantwortlichen in diesen Ländern und zeigt nun China, wie das sozialistische Wirtschaftsideal doch zum Erfolg führen kann? Die Fragen pauschal zu verneinen, fällt im Augenblick schwer.

Zu verweisen ist aber auf die politische Maxime der kommunistischen Führer: Sie begrüßen und unterstützen die Aktivitäten der Kapitalisten, die den wirtschaftlichen Aufschwung vorantreiben, behalten sich aber vor, den Prozess zu bremsen, wenn die Entwicklung ihre gesellschaftspolitischen Prinzipien in Frage stellt. Dieser Grundsatz ist nicht neu: Er wurde bereits Ende der siebziger, Anfang der achtziger Jahre formuliert, als ebenfalls eine Phase der Öffnung eingeleitet wurde. Als die Liberalisierung in der Bevölkerung und vor allem in der Studentenschaft dazu führte, dass sich demokratische Überzeugungen durchsetzten und das Recht auf freie Meinungsäußerung eingefordert wurde, kam es zum Gegenschlag. Auf dem Roten Platz von Peking, dem Tiananmen, walzte die Armee die aufkeimende Revolution 1989 nieder.

Derzeit wird die Unterdrückung demokratischer Tendenzen weniger spektakulär, aber konsequent betrieben. Dies lässt sich eindrucksvoll am Umgang mit dem Internet demonstrieren. In einer ersten Phase wurden 2005 die Organisatoren und die Autoren kritischer Internet-Seiten zuerst verwarnt und im Wiederholungsfall eingesperrt. 2006 ging man einen Schritt weiter und installierte ein Überwachungssystem, das die E-Mails kontrolliert und den Zugang zu unerwünschten Homepages stört. Diese Vorgangsweise steht im krassen Gegensatz zum Umgang mit den westlichen Investoren, denen man das Leben so angenehm wie möglich gestaltet und die zumeist auch kein Interesse an der politischen Lage zeigen.

Eine Lehre kann man aus diesen Entwicklungen jedenfalls ziehen. Die kapitalistische Wirtschaftsform ergibt sich nicht nur als

Konsequenz aus einer liberalen, individualistischen und demokratischen Grundeinstellung. Der Kapitalismus führt auch zu derartigen Verhaltensweisen, wenn er in ein anderes System verpflanzt wird: Chinesische Arbeitnehmer in westlichen Unternehmen sehen nicht ein, dass sie sich als Individuen in den Betrieben entfalten können und sollen, im Alltag sich aber dem Diktat der kommunistischen Partei beugen müssen.

Was die Zukunft bringt, ist schwer abzuschätzen: Gelingt tatsächlich das Zusammenleben von Kapitalismus und Kommunismus unter der Aufsicht einer kommunistischen Einparteienregierung? Oder wird die chinesische Führung, wie schon Ende der achtziger Jahre, die demokratischen Tendenzen abwürgen? Oder bricht im Sog der wirtschaftlichen Liberalisierung das politische System zusammen?

Faktoren kapitalistischer Politik

Das Bekenntnis zu Eigenleistung und Eigenverantwortung definiert für sich keineswegs die Ziele und Vorgaben der Einzelnen. Der Kapitalismus geht davon aus, dass der Mensch ein so genannter Homo oeconomicus ist, dass folglich nur materieller Wohlstand und darüber hinaus Reichtum die Ziele bilden und sein Handeln bestimmen.

Dies trifft aber nicht zu. Man kann zwar voraussetzen, dass jeder eine materielle Absicherung will, die ihm oder ihr ein komfortables Leben ermöglicht. Für viele ist aber mehr nicht interessant. Es konnte sogar schon betont werden, dass selbst Kapitalisten, die ihr Streben nach Reichtum ausleben, ab einem bestimmten Kontostand nur mehr Wert auf öffentliche Anerkennung, etwa als Sponsor einer Kultureinrichtung oder als Förderer karitativer Institutionen, legen. Der Wunsch nach materiellen Gütern ist ohne Zweifel ein Faktor, aber nicht der einzige Motivator.

Die Vielfalt der persönlichen Neigungen ist unüberschaubar.

Und auch von der Wirtschaftspolitik zu respektieren: Diese hat Rahmenbedingungen zu schaffen, die diese Vielfalt ermöglichen. Präziser formuliert: Der Kapitalismus ist als grundsätzlich optimale Wirtschaftsform nicht mehr in Frage zu stellen. Der Kampf, der dem Kapitalismus geliefert werden muss, hat dafür zu sorgen, dass er nicht sich selbst und die angesprochene Vielfalt zerstört.

Niemand kommt mehr an der Tatsache vorbei, dass in einer globalen Wettbewerbswirtschaft jeder Einzelne zu größtmöglichen wirtschaftlichen Leistungen angespornt werden muss, ob dies nun den Einzelnen freut oder nicht. Somit ist ein kapitalistisches Grundmuster vorgegeben. Die Bereitschaft und die Fähigkeit zu ökonomischen Spitzenleistungen sind aber nicht allgemein gegeben. Folglich hat die Politik für jene zu sorgen, die nicht in der Lage sind, in der Leistungsgesellschaft zu bestehen. Sie hat also Sozialpolitik zu betreiben, wobei die Motive unterschiedlich sein mögen, der Effekt aber jedenfalls gegeben sein muss. Sozialdemokraten mögen humanitäre Anliegen haben, Kapitalisten dürften die ökonomische Notwendigkeit in den Vordergrund rücken, dass nicht ein Teil der Bevölkerung als Konsumenten ausfallen soll.

Gleichzeitig muss aber darauf geachtet werden, dass die soziale Absicherung nicht zum Faulbett wird, wodurch auch jene der Allgemeinheit zur Last fallen, die selbst sehr wohl leistungsfähig wären.

Als erforderlich erweist sich aber ebenso Kulturpolitik im weitesten Sinn, um die Vielfalt zu fördern und abzusichern. Auch gilt es, einem verbreiteten Missverständnis vorzubeugen: Kulturpolitik ist nicht eine Dekoration, die die Wirtschaft ziert. Kulturpolitik ist notwendig auch für die Wirtschaft, da ohne geistige Vielfalt keine Kreativität entsteht und ohne Kreativität auch kein erfolgreiches Wirtschaften zustande kommt.

Ein roter Faden zieht sich durch die Elemente des Kampfes gegen den Kapitalismus: Gute Personalpolitik braucht keine Massenkündigungen und erreicht dennoch verkraftbare Kosten und sichert die Qualität der Belegschaft; gute Sozialpolitik ist nicht die Vergabe von Almosen, sondern die Sicherung der Existenz und der Kaufkraft breiter Schichten; gute Kulturpolitik ist nicht die Subventionierung von Künstlern, sondern ein Beitrag zu Bildung, Forschung und Kunst, die zusammen das Fundament menschlichen Seins schaffen.

Die zwei gesellschaftlichen Grundmuster – Eigenverantwortung oder staatliche Fürsorge – und die Notwendigkeit, die beiden Ziele – wirtschaftliche Spitzenleistungen und soziale Absicherung – zu versöhnen, haben zahlreiche praktische Konsequenzen.

Sozialpolitik ist nicht Fürsorge

Sozialversicherung muss ein Teil des gesellschaftlichen Systems sein

Der Kapitalismus neigt durch das Bekenntnis zum gnadenlosen Wettbewerb und durch die Konzentration auf wirtschaftliche Spitzenleistungen zur Missachtung der Verlierer im Wettbewerb. Aus dieser Einstellung wiederum resultiert die Schlussfolgerung, den „Armen müsse geholfen“ werden. Sozialpolitik wird als Fürsorge für die Schwachen verstanden, gleichsam als organisierte Vergabe von Almosen. In den Vordergrund rücken demnach auch karitative Einrichtungen, die nach Möglichkeit von erfolgreichen Kapitalisten finanziert werden, die auf diese Weise Herz und Verständnis für die weniger Erfolgreichen demonstrieren.

Dass Spenden, seien sie noch so groß, sicher von den Empfängern begrüßt werden, aber keine fundierte Sozialpolitik ersetzen können, müsste auch überzeugten Kapitalisten einleuchten. Schließlich leben Kapitalisten mit schwankenden Ergebnissen und so mancher großer Spender musste im Gefolge von Verlusten seine Zahlungen einstellen. Also sind Spenden eine unsichere Basis für die Sozialpolitik. Mehr noch, jeder, auch der Milliardär von heute, kann morgen in Not geraten. Nicht zuletzt ist es für jene, die auf Hilfe angewiesen sind, entwürdigend, in der Not auch noch betteln zu müssen. Es ist zudem für die Logik der Sozialpolitik weithin nebensächlich, ob sie, wie erwähnt, aus humanitären Beweggründen betrieben wird oder um die Nachfrage zumindest nach Konsumgütern aufrecht zu erhalten.

Entscheidend ist, dass alle Mitglieder der Gesellschaft, alle Bürger eines Staates in Notsituationen abgesichert werden. Die

Betonung liegt ausdrücklich auf Notsituationen, da die Sozialpolitik dazu neigt, alle Bürger ohne Unterschied zu schützen. Ebenso betont sei aber, dass hier alle Bürger ohne Ausnahme angesprochen sind.

Alle brauchen eine Absicherung im Alter, im Krankheitsfall und in der Arbeitslosigkeit. Somit ist es nur konsequent, dass alle in ein System einzahlen, das sich als Sozial- und Arbeitslosenversicherung durchgesetzt hat. Nicht nur brauchen alle diese Absicherung, sie müssen auch einen Anspruch auf diese Absicherung haben, sodass sich eine gesetzliche Verankerung der Sozialversicherung als notwendig erweist. Damit nicht genug: Die Sozialversicherung muss jederzeit funktionieren.

Die Sozialversicherung ist somit als integrierender Bestandteil des Staates, der Gesellschaft zu verstehen. Ihre Rolle ist durchaus vergleichbar mit der Justiz, der Polizei oder der Finanz.

Das Umlageverfahren ist unverzichtbar

Die Auflage der ständigen Bereitschaft führt auch folgerichtig zur Finanzierung über ein Umlageverfahren. In jeder wirtschaftlichen Phase werden von einem Teil der Bevölkerung Einkommen erwirtschaftet, aus denen über Beiträge in einem Umlageverfahren die Finanzierung der Bedürfnisse der Pensionisten, der Kranken, der Arbeitslosen erfolgen kann. In Krisenzeiten werden nur bescheidene Beiträge fließen, aber immerhin Beiträge. Bei Kapitaldeckungssystemen besteht die Gefahr, dass die Finanz- und die Realitätenmärkte zusammenbrechen und überhaupt keine Leistungen finanziert werden können.

Dieses Bekenntnis zum Umlageverfahren ist untrennbar mit der Feststellung verbunden, dass das Sozialversicherungssystem eine Absicherung für Notfälle darstellt, nicht aber eine Vollversorgung bieten kann. Dies ist zu präzisieren.

Die Grenzen der Sozialversicherung

Die Betonung liegt auf der Bewältigung von Notsituationen. Dieser Grundsatz wird jeweils bei der Installierung von Sozialversicherungssystemen als selbstverständlich erachtet. Allerdings besteht die Neigung, diesen Grundsatz in Phasen der Prosperität zu verlassen und großzügig eine Situation der Vollversorgung anzustreben. Die Aufbringung höherer Beiträge ist in wirtschaftlich guten Zeiten nicht so schwierig, die Ausweitung bestehender und die Einführung neuer Leistungen finden selbstverständlich bei den Empfängern großen Anklang. Da Sozialversicherungssysteme öffentliche Einrichtungen sind, nützen Politiker die willkommene Gelegenheit, sich beliebt zu machen.

Die Ausweitung der Leistungen führt in den unweigerlich folgenden Phasen wirtschaftlicher Schwierigkeiten zu Krisensituationen, die das gesamte System in Frage stellen. In dieser Phase sind Leistungskürzungen erforderlich, die nur langsam und nur schwer durchzusetzen sind. Auch ist die Streichung von Leistungen, an die sich die Bevölkerung gewöhnt hat, in schwierigen Zeiten von den Betroffenen schwerer zu verkraften. Die Systeme sollten so gestaltet sein, dass sie krisenfest sind.

Selbstverständlich ist die Abgrenzung zwischen notwendigen und nicht notwendigen Leistungen, wenn es sich um Kranke, Alte oder Arbeitslose handelt, nie eindeutig zu treffen. Der Grundsatz, dass diese Gruppen abzusichern sind, unabhängig von der Frage, ob es sich um Konjunkturphasen oder Krisen handelt, liefert aber eine brauchbare Orientierung, um zu erkennen, bei welchem Leistungsumfang die Sozialversicherung überfordert wird. In der Sozialversicherung werden höhere Einkommen mit höheren Beiträgen belastet, wodurch eine soziale Umverteilung erfolgt. Am Rande sei angemerkt, dass dieser Umstand versicherungstechnisch problematisch ist, da nur die Kosten der Leistungen das entscheidende Kriterium für den Mittelbedarf sein können, nicht aber die Einkommen der Versicherten. Dieser Aspekt steht allerdings bei dem hier behandelten Thema nicht im Vordergrund. Neben der einkommensabhängigen Staffelung der Beiträge setzen sich sukzessive auch einkommensabhängige Selbstbehalte durch, die ebenfalls zur sozialen Umverteilung beitragen.

Dieser soziale Ausgleich entspricht scheinbar auch dem Bedürfnis der Kapitalisten, sich sozial zu engagieren. Allerdings nur scheinbar. Die Belastung wächst mit jedem zusätzlich verdienten Euro, sodass hier keineswegs nur die Reichen zur Kassa gebeten werden. Auch ist eine Obergrenze eingezogen: Einkommen, die diese Obergrenze überschreiten, werden nicht stärker belastet als jene, deren Einkommen der Höchstbeitragsgrundlage entsprechen. Diese Regelung erweckt sogar den Eindruck einer Schonung der Kapitalisten, die auch immer wieder in der politischen Diskussion angesprochen wird.

Die Struktur der Finanzierung ist überholt

Tatsächlich wirkt hier eine Überlegung, die aber nicht in allen Ausprägungen wirksam ist: Ein Teil der Kosten der Sozialversicherung möge über Steuern finanziert werden, die nach der traditionellen Konzeption von den Reichen aufgebracht werden. Man könne demnach zwei Stufen der Umverteilung unterscheiden. Innerhalb der Beiträge, die mit der Höchstbeitragsgrundlage enden, zahlen die Bezieher höherer Einkommen mehr, die Ärmeren weniger. Und darüber hinaus werden über jenen Teil der Finanzierung, der über Steuern aufgebracht wird, die Reichen zur Kasse gebeten.

Derartige Überlegungen entsprachen der wirtschaftlichen Lage Ende der vierziger Jahre des zwanzigsten Jahrhunderts, als die Sozialversicherungssysteme moderner Prägung entstanden sind. Nach Jahrzehnten der Prosperität hat sich eine andere Einkommens- und Abgabenstruktur durchgesetzt.

Mit wenigen Ausnahmen tragen alle zum Aufkommen an Sozialversicherungsbeiträgen und zum Aufkommen an Steuern bei. Die Formel „Steuern treffen die Reichen, die Bezieher geringerer Einkommen zahlen Sozialversicherungsbeiträge“ ist somit überholt. Diese Tatsache würde nahe legen, dass auch die Aufteilung der Finanzierung zwischen Beiträgen und Steuern entfällt. Der gesamte Mittelbedarf sollte über Beiträge gedeckt werden und bei der Gestaltung der Beiträge wären auch sozialpolitische Elemente, wie eine Umverteilung von den Reichen zu den Ärmeren, zu berücksichtigen.

Kein Stein bliebe auf dem anderen

Die Änderung der Strukturen macht die Notwendigkeit einer gründlichen Reform deutlich. Die Konzentration der Finanzierung auf die Beiträge und der Abschied von Zuschüssen aus dem Steueraufkommen müsste mit einer Senkung der Steuern verbunden werden, da sonst nur eine Erhöhung der Abgabenlast erfolgt. Sollte sich die Politik zu der hier angesprochenen Systemänderung entschließen, besteht die große Gefahr, dass das Steueraufkommen nicht verringert wird, aber die Sozialversicherungsbeiträge angehoben werden.

Auch die Neugestaltung der Beiträge ergibt sich nicht von selbst. Der Wegfall der Steuerfinanzierung würde naturgemäß eine Anhebung der Beiträge auslösen. Allerdings sind schon die bisher verrechneten Sätze sehr hoch, sodass selbst bei einer entsprechenden Senkung der Steuern mit Widerstand zu rechnen ist. Auch würde eine Anhebung oder sogar eine Beseitigung der Höchstbeitragsgrundlage notwendig sein, die zudem systemkonform wäre, da diese Grenze im Hinblick auf die Steuerleistung jener gezogen wurde, deren Einkommen über dieser Latte liegt. Und auch diese Maßnahme würde selbstverständlich auf Widerstand stoßen.

Wirken wird vor allem die Tatsache, dass das gesamte Aufkommen auf der breiten Masse der Bevölkerung ruht und trotz mancher spektakulär hoher Einkommen der Anteil der Spitzenverdienste am gesamten Volkseinkommen relativ klein ist. Somit müssten bei einer Umstellung vom gemischtfinanzierten zu einem beitragsfinanzierten System alle Sätze steigen und die Höchstbeitragsgrundlage fallen.

Eine Systemänderung ist somit eher unrealistisch. Mehr noch: In Bereichen, in denen nicht oder kaum in den Steuertopf gegriffen wird, wie etwa in der sozialen Krankenversicherung in Deutschland, neigt die Politik dazu, das Staatsbudget zu belasten. Dass in dieser Analyse im Widerspruch zur politischen Praxis, die von den Steuerbeiträgen nicht abrücken will, doch für den Wechsel zur Beitragsfinanzierung plädiert wird, hat gute Gründe.

Vor allem wäre die Transparenz wertvoll. Die von vornherein zu gering bemessenen Beiträge führen zu einer ständigen Auseinandersetzung zwischen der Sozialversicherung und dem jeweiligen Finanzministerium über die Höhe der Zahlungen aus dem Budget. Meist kommt keine ausreichende Dotierung zustande, die wiederum zu Leistungskorrekturen führt. Diese sind aber beispielsweise in Österreich bei der Finanzierung des Gesundheitswesens keine tatsächlichen Einschränkungen der Leistungen, sondern nur ungenügende Zahlungen der Krankenkassen an die Spitäler. Wodurch in weiterer Folge die Spitäler gezwungen sind, sich Mittel aus anderen Quellen zu beschaffen. Das Ergebnis ist ein undurchsichtiges Geflecht von Mittelflüssen und Abhängigkeiten, in dem das Bemühen um einen effizienten und optimalen Mitteleinsatz leidet. Klare Finanzstrukturen würden den Blick frei machen für die wesentlichen Fragen des Gesundheitswesens.

Die Auswirkungen auf die Organisation des Gesundheitswesens und anderer von der Sozialversicherung finanzierter Einrichtungen stehen allerdings nicht im Mittelpunkt, wenn es um den Kampf gegen den Kapitalismus geht. In diesem Zusammenhang kann die Öffentlichkeit nicht verstehen, dass der Bezieher eines

Einkommens von beispielsweise 1,5 Millionen Euro im Jahr nicht mehr zur Sicherung des Sozialsystems beiträgt als der Empfänger eines Gehalts von etwa 50.000 Euro. Dass dieser Spitzenverdiener über seine Steuerleistung das System mitfinanziert, ist nicht klar erkennbar. Und hier sind einige Punkte zu unterstreichen.

Die Rolle der Kapitalisten

Es geht um ein öffentliches, allen ausnahmslos und zwar ständig zur Verfügung stehendes System für Notfälle. Dieser Charakter bedingt, dass auch alle im Rahmen ihrer Möglichkeiten zur Sicherung dieses Systems beitragen müssten. Es ist keine freiwillige, zeitlich begrenzte Einrichtung, die vielleicht einige wenige betreut. Wäre dies der Fall, könnte man die Verpflichtung aller und eine einkommensabhängige Beitragsgestaltung nicht rechtfertigen.

Es liegt im Wesen der freien Marktwirtschaft, dass einigen die Erzielung von Spitzeneinkommen gelingt. Die Neidgesellschaft übersieht meist, dass dies ein erfreuliches Zeichen ist und kein Anlass für empörte Reaktionen: Von der freien Entfaltung profitieren alle und in der Folge erzielt ein extrem hoher Anteil attraktive Einkommen. Ohne Marktwirtschaft entsteht ein staatlich gelenktes System, in dem alle wenig verdienen und einige wenige den Staat für ihren Komfort missbrauchen.

Es geht also nicht um Neid, sondern um soziale Verträglichkeit. Eine Gesellschaft verkraftet den Reichtum der wenigen leichter, wenn die Nennung des hohen Einkommens mit dem Hinweis auf den hohen Beitrag zum Sozialsystem verbunden werden kann. Dieses Empfinden veranlasst auch viele Kapitalisten zu sozialem Engagement, wobei naturgemäß auch die Rolle des Wohltäters dem Ego gut bekommt. Ein Beitragssystem, das die Kapitalisten in die Pflicht nimmt, würde die soziale Verträglichkeit stützen und für ein kontinuierliches Aufkommen sorgen. Die

Zahler könnten sich allerdings nicht leicht als Wohltäter profilieren und auch nicht mehr frei entscheiden, ob sie und in welchem Umfang sie wann Wohltaten finanzieren wollen.

Die Sozialversicherung wäre zudem gut beraten, ihre traditionell klassenkämpferisch orientierte Grundhaltung zu überdenken und den Zeitgeist zu nützen. So könnte sich beispielsweise die Errichtung eines Fonds empfehlen, den extrem reiche Wohltäter nach Belieben dotieren. Im Gegenzug wäre eine öffentliche Anerkennung denkbar. Etwa: „Durch die großzügigen Spenden von X, Y und Z ist es uns möglich, die Einkommensbezieher in den untersten Stufen für ein Jahr beitragsfrei zu stellen." Oder jede andere Variante einer entsprechenden Öffentlichkeitsarbeit.

Das Maß der Sozialversicherung

Die Sozialversicherung ist das Spiegelbild der philosophisch-politisch-religiösen Verfassung der betreuten Bevölkerung. Dominiert das Bekenntnis zur Eigenverantwortung und zur Eigeninitiative, sind die Anforderungen an die Sozialversicherung geringer. Ist hingegen die Einstellung prägend, dass die Gemeinschaft für den Einzelnen zu sorgen hat, dann wird tendenziell von der Sozialversicherung eine Vollversorgung erwartet.

Die Politik hat somit das Maß für die Sozialversicherung zu finden. Auf ein Maß wurde schon verwiesen: Die Sozialversicherung muss jederzeit funktionstüchtig sein, somit ist die Finanzierungskraft einer Volkswirtschaft bereits sehr entscheidend. Hier sei aber auf einen anderen Aspekt verwiesen.

In einer weltweiten Konkurrenzwirtschaft ist jeder Einzelne gefordert, seine persönliche Wettbewerbsfähigkeit zu sichern. Es ist daher nicht empfehlenswert, ein Sozialsystem aufrecht zu erhalten, das dem Einzelnen die Botschaft vermittelt, er könne sich ohnehin auf die Gemeinschaft verlassen. Die Gemeinschaft ist immer nur beschränkt fähig zu helfen und muss daher diese Hilfe auf jene konzentrieren, die tatsächlich nicht aus Eigenem bestehen können.

Diese Einsicht setzt sich vor allem in Europa erst angesichts der Mittelknappheit durch und führt zu negativen Entwicklungen. Grundsätzlich wird die Illusion gepflegt, dass der Sozialstaat für alles aufkommen könne. Wenn der Sozialstaat an die Grenzen seiner finanziellen Möglichkeiten stößt, beginnt er zu kürzen und löst unweigerlich Härtefälle aus.

Zu fordern ist eine permanente Aufklärung, dass man sich in der Not auf die Gemeinschaft verlassen könne, aber grundsätzlich selbst für sich verantwortlich sei. Nur mit dieser Überzeugungsarbeit ist es in Ländern mit der überlieferten Erwartung, dass man ohnehin eingebettet sei, möglich, die Sozialversicherung leistungsfähig zu erhalten und der Bevölkerung das Bekenntnis zur eigenen, persönlichen Wettbewerbsfähigkeit zu vermitteln.

Europa ist von dieser Problematik in erster Linie betroffen und muss einen schmerzhaften Lernprozess absolvieren, der nicht aktiv, über ein Bekenntnis zu beidem, zur Sozialversicherung und zur Leistungsgesellschaft, betrieben wird. Es dominiert der zögerliche Rückzug aus einer überzogenen Versorgungspolitik.

Eine aktive Politik könnte besser erfassen, welcher Teil der Bevölkerung sich bereits zur Eigenleistung bekennt, und dementsprechend das Ausmaß der Sozialversicherung reduzieren. Eine aktive Politik würde auch ein Verhalten bekämpfen, das im Geist der Vollversorgung unvermeidlich ist: „Warum bekommen manche großzügige Sozialleistungen und ich muss dafür zahlen?" Notwendig ist eine nachvollziehbare Sozialpolitik, die von allen selbstverständlich getragen und von allen finanziert wird.

Die Sozialversicherung steht gleichsam in der Mitte, auf der einen Seite ist die philosophisch-politisch-religiöse Grundeinstellung maßgebend für das Verhalten der Gesellschaft, auf der anderen Seite bildet die Finanzwirtschaft einen bestimmenden Faktor. Und dieser Aspekt ist besonders bemerkenswert, wenn es um die Auseinandersetzung mit dem Kapitalismus geht.

Kapitalismus – die andere Sozialversicherung

Die Position der Pensionsfonds

Die Kapitalismus-Debatte rückt vielfach einzelne erfolgreiche Unternehmer in den Vordergrund und betont das rücksichtslose Verhalten der Manager, die gnadenlos tausende Arbeitnehmer kündigen. Die Generalformel lautet: „Kapitalismus ist gierig und unmenschlich."

In der Realität ist allerdings der Kapitalismus eine andere Form der Sozialversicherung: Im Zentrum stehen die Pensionsfonds, auf die bereits im Zusammenhang mit dem Begriff „shareholder value" zu verweisen war. Die Fonds waren ursprünglich nur in den USA bedeutsam, spielen aber heute bereits weltweit eine entscheidende Rolle. Die Manager dieser Fonds sind aufgrund der enormen Vermögen, die sie verwalten, mächtig. Sie sind es, die von den Unternehmen höchste Gewinnausschüttungen fordern. Allerdings nicht aus einer hemmungslosen Gier, sondern im Interesse ihrer Millionen Anleger, die eine Absicherung des Lebensstandards im Alter erwarten. Diese Millionen sind selbstverständlich keine reichen Kapitalisten, sondern Normalbürger mit den unterschiedlichsten Einkommensverhältnissen.

Berücksichtigt man die Tatsache, dass der Kapitalismus eine andere Form der Sozialversicherung ist, so bekommt das Streben nach immer höheren Gewinnen eine andere Qualität: Jeder Dollar, jeder Euro, den ein Unternehmen ausschüttet, leistet einen Beitrag zur Altersvorsorge von Millionen. In diesem Zusammenhang ist auch daran zu erinnern, dass Pensionsfonds ihre Politik auf die Lebenskurve der Anleger ausrichten und somit einen Zeithorizont von mehreren Jahrzehnten berücksichtigen müssen.

Pensionsfonds haben somit ein Interesse nicht nur an kontinuierlich hohen Ausschüttungen, sondern auch an einer langfristigen Absicherung der Unternehmen. Bei entsprechend fundierter Argumentation trifft die Kürzung der Ausschüttungen zugunsten von Investitionen in die Zukunft daher auch auf Zustimmung bei den Managern der Pensionsfonds.

Zudem müssen – vielleicht sollte es heißen müssten – Pensionsfonds auch an einer ausgewogenen Personalpolitik interessiert sein. Sicher können Fonds überzogene Personalkosten nicht akzeptieren, da diese unweigerlich die Ausschüttungen verringern. Die Pensionsfonds können aber auch nicht für Massenkündigungen sein, die ihre eigenen Mitglieder treffen und diesen die Möglichkeit nehmen, Beiträge an die Fonds zu zahlen.

Somit relativiert die Tatsache, dass die Pensionsfonds auf den Kapitalmärkten eine entscheidende Rolle spielen, die Kritik am Kapitalismus. Leider wird in der Praxis von den Pensionsfonds die Notwendigkeit einer langfristig konzipierten Investitions- und Personalpolitik nicht immer berücksichtigt. Zu stark ist oft der Druck der Finanzanalysten, die die Höhe der Quartalsergebnisse zum entscheidenden Kriterium hochstilisieren und dadurch eine strategische Geschäftspolitik extrem erschweren.

Die Lebensversicherung auf dem Weg zum Pensionsfonds

Eine Position zwischen der Sozialversicherung und den Pensionsfonds nimmt die klassische Lebensversicherung ein: Das Grundprinzip besteht in der Vereinbarung einer garantierten Versicherungssumme. Die Erträge aus der Veranlagung der Prämien sorgen für eine darüber hinausgehende Gewinnausschüttung, wobei eine Mindestverzinsung garantiert wird. Die Vermögen werden in der klassischen Lebensversicherung von festverzinslichen Wertpapieren und insbesondere von Staatspapieren dominiert. Somit ist, wie bei den Pensionsfonds, der Kapitalmarkt der entscheidende Partner. Allerdings nicht über die Veranlagung in Aktien, sondern über die Investition in risikoarme Anleihen, deren Tilgung in vielen Fällen von den Staaten und somit von der Gesamtheit der Steuerzahler garantiert wird. Nicht zu übersehen ist dabei die Verwandtschaft mit der Sozialversicherung: Die Steuerzahler, die für die Anleihen des Staates haften, sind dieselben, die für die Staatsgarantie geradestehen müssen, die die Sozialversicherung im Krisenfall absichert.

Die klassische Lebensversicherung spielt in der Debatte über die Auswüchse des Kapitalismus keine Rolle, sie wird vielmehr als wohltuend stabiler Kontrast zur Unruhe der Aktienbörsen empfunden. Dass das Thema doch in die Kapitalismus-Debatte hineinwirkt, ist auf eine relativ junge Entwicklung zurückzuführen. Die so genannten fondsgebundenen Lebensversicherungen verzeichnen ein starkes Wachstum.

Bei der klassischen Lebensversicherung wird das zur Bedeckung der Ansprüche der Versicherten gehaltene Vermögen von der jeweiligen Unternehmung unter Wahrung der versicherungsrechtlichen Regeln nach eigenem Ermessen verwaltet. Die Daten werden nur in der Bilanz ausgewiesen, die kaum ein Versicherter zur Kenntnis nimmt. Das Publikum verlässt sich auf die Manager, da ohnehin die risikolose Veranlagung dominiert.

Die fondsgebundenen Lebensversicherungen sehen vor, dass die Vermögen nicht oder nur teilweise von den Versicherungen verwaltet werden, sondern vielmehr in Fonds veranlagt werden. Dabei kann es sich um Fonds handeln, die auf dem Markt verfügbar sind oder von den Versicherungsunternehmen in eigenen Einheiten geführt werden. Dem Kunden wird die Entscheidung überlassen, ob er einem risikoreichen oder einem risikoarmen Fonds zugewiesen werden will. Da naturgemäß das höhere Risiko auch die Aussicht auf einen höheren Ertrag eröffnet, entscheiden sich viele Versicherte für das Risiko und nehmen zwangsweise auch die Gefahr von Verlusten in Kauf.

Über den Umweg der fondsgebundenen Varianten ist somit auch die Lebensversicherung in der Kapitalismus-Debatte zu berücksichtigen. Dabei ist hier vor allem ein Problem der Bezeichnung gegeben. Es wäre sinnvoll, würde nur bei der klassischen Lebensversicherung die Bezeichnung „Lebensversicherung“ zur Anwendung kommen. Die fondsgebundenen Varianten sollten als Pensionsfonds bezeichnet werden. Damit wäre in der öffentlichen Diskussion die derzeit gegebene Verwirrung vermieden.

Das Problem ist vor allem in Mitteleuropa gegeben, wo die extrem vorsichtige Veranlagung der Lebensversicherung aus der Reaktion auf die Krisen der Branche in der Zeit zwischen den beiden Weltkriegen resultiert. Im angelsächsischen Raum gab es nie vergleichbare Einschränkungen und so bekam der Begriff „Lebensversicherung“ nie den Charakter der „Unsinkbarkeit“. Dem Publikum in den USA und in Großbritannien ist somit bewusst, dass auch Lebensversicherungen den Risiken des Kapitalmarktes unterliegen.

Unterschiedliche Zwillinge: Zinsen und Sozialversicherungsbeiträge

Das Verwandtschaftsverhältnis zwischen Sozialversicherung und Kapitalismus ist nicht nur an der Tätigkeit der Pensionsfonds abzulesen.

Zu beachten ist, dass Zinsen, Dividenden und Sozialversicherungsbeiträge gleichermaßen von der aktiven Bevölkerung in den Unternehmen erwirtschaftet werden müssen. In einer Gewinn- und Verlustrechnung finden sich die Positionen Zeile an Zeile traut vereint. Die in der Sozialversicherung gepflegte Unterscheidung zwischen Arbeitgeber- und Arbeitnehmerbeiträgen ist dabei irrelevant. Die Beiträge werden insgesamt von den Unternehmen aufgebracht.

Dieser Umstand hat eine entscheidende Konsequenz: Jeder Euro, der für die Sozialversicherung aufgewendet wird, kann nicht für die Verzinsung des Kapitals eingesetzt werden. Und umgekehrt. Spiegelbildlich ist die Anleger- und Versichertenseite zu betrachten. Eine Bevölkerung, die die Vorsorge auf Veranlagungen aufbaut und somit an Zinsen und Dividenden interessiert ist, hat ein geringeres Interesse an der Sozialversicherung. Eine Bevölkerung, die auf die Hilfe der Allgemeinheit baut, braucht eine umfangreiche Sozialversicherung. Und entsprechend den beiden Varianten entwickelt sich die Belastung der Unternehmen.

Der Versuch, die Vorsorge zwei Mal zu finanzieren

Allerdings gibt es in der entwickelten und globalisierten Wirtschaft kein Entweder-oder mehr. Auch in Ländern mit einer stark ausgebauten Sozialversicherung spielt die Kapitalveranlagung eine immer größere Rolle. Diese Entwicklung wird noch durch die Tatsache gefördert, dass die Sozialversicherung immer wieder an die Grenzen ihrer Leistungsfähigkeit stößt und so von sich aus das Publikum zur Eigenvorsorge animiert.

Auf diese Art ergibt sich ein Paradoxon: Die Volkswirtschaft versucht in ihrer Gesamtheit die Vorsorge zwei Mal zu finanzieren: ein Mal über die Sozialversicherungsbeiträge und das zweite Mal über Zinsen und Dividenden. Da aber die Wertschöpfung der Unternehmen nur ein Mal zustande kommt, sind zwangsweise die Beiträge an die Sozialversicherung zu gering und die Verzinsung des Kapitals unbefriedigend. Die Notwendigkeit der bereits angesprochenen aktiven Politik, die sich um eine tragfähige Koordination der beiden Vorsorge-Träger bemüht, zeigt sich an der Betriebswirtschaft erneut.

Die Fortsetzung einer Politik der Vollversorgung bei gleichzeitiger Entwicklung des Kapitalmarkts führt nicht nur zur paradoxen Übung, eine Aufgabe zwei Mal zu erledigen. Der Effekt besteht auch in beträchtlichen Effizienzverlusten, die die Volkswirtschaft belasten und ihre Position im internationalen Wettbewerb schwächen. Dieses Phänomen bekommt in erster Linie Europa zu spüren.

Effizienzverluste ergeben sich im Bereich der Sozialversicherung selbst oder in den von ihr abhängigen Sektoren. In diesem Zusammenhang war bereits auf die Situation im österreichischen Gesundheitswesen zu verweisen. Bei den Pensionen ist die Abwicklung weniger problematisch, da nur ein relativ einfacher Mitteltransfer von den Beitragszahlern zu den Pensionisten erfolgt. Hier ist vielmehr der Vergleich mit der Kapitalverzinsung entscheidend. Während die Zahlung der Pensionsbeiträge entsprechend den gesetzlichen Vorschriften ohne weitere Diskussion zu erfolgen hat, wirken bei Zinsen und Dividenden andere, entscheidende Faktoren.

Zinsen und Dividenden können nur bezahlt werden, wenn die Mittel aus den Krediten, Aktien und anderen Finanzierungen erfolgreich eingesetzt werden. Da Kapitalgeber stets eine möglichst hohe Verzinsung einfordern, wird systemimmanent auf Effizienz gepocht. Somit ist für die Unternehmen wie für die Anleger oder Pensionisten der Kapitaleinsatz ergiebiger als die Sozialversicherung.

Die Konsequenz sollte also lauten: „So viel Sozialversicherung wie nötig, so viel Kapitaleinsatz wie möglich." Der Kapitalismus zeigt sein freundliches Gesicht.

Lafontaines Zikade muss nicht frieren

Der Hinweis auf die Vorteile der Kapitaldeckung der Vorsorge wird vielfach abgelehnt. Am Ende wären nur diejenigen abgesichert, die über eigenes Vermögen verfügen, die anderen werden wie in den Fabeln von Äsop und Lafontaine behandelt: Im kalten Winter kommt die Zikade frierend zur Ameise und bittet um Nahrung. Die Ameise antwortet: Hätte die Zikade doch nur bei

Zeiten vorgesorgt statt zu zirpen, jetzt möge sie sehen, wo sie bleibt. Der Kapitalismus würde nicht sein freundliches Gesicht, sondern wieder einmal seine Fratze zeigen.

Dass diese Behauptungen nicht stimmen, zeigen die Daten der Sozialversicherung selbst. Das Pensionssystem hätte keine Finanzierungsprobleme, würde nur das in den vierziger Jahren etablierte Grundprinzip eingehalten: Gingen tatsächlich die Männer mit 65 und die Frauen mit 60 in Pension, so wäre nie eine Krise entstanden. Zudem sind diese Werte längst überholt, da sich die durchschnittliche Lebensdauer bereits bei 80 Jahren bewegt. Als die genannten Pensionsantrittsalter eingeführt wurden, lag der Vergleichswert bei knapp 70 Jahren. Konsequent wäre also eine kontinuierliche Anhebung des Pensionierungsalters gewesen, ebenso eine Angleichung des Starttermins für Frauen und Männer. Tatsächlich liegt das Pensionsantrittsalter etwa in Österreich generell bei etwa 58 Jahren.

Diese Situation ist ein Musterbeispiel für die Überforderung der Sozialversicherung, für die Gewährung von Leistungen, die vielen gefallen mögen, die aber nicht sinnvoll sein können und vor allem das gesamte unverzichtbare System gefährden.

Selbstbehalte statt Parolen

Auch ein anderer Schlachtruf ertönt, wenn die extensive Anwendung des Sozialversicherungsprinzips in Frage gestellt wird: „Weil du arm bist, musst du sterben!“ Traditionell versteht sich die Sozialversicherung als Vollversorger. Dieser Grundsatz ist aber bei hohen Durchschnittseinkommen und einer Durchdringung aller Lebensbereiche mit medizinischen Angeboten problematisch. Wichtiger wäre die Absicherung, dass alle teuren Behandlungen von der Krankenkasse finanziert werden, da alle, unbeschadet ihrer wirtschaftlichen Verhältnisse, die Kosten schwerer Krankheiten kaum bewältigen können. An der unteren Skala der Ausgaben sollten aber getrost auch hohe Selbstbehalte greifen, die man durch eine einkommensabhängige Staffelung sozial verträglich gestalten müsste. Somit wäre tatsächlich ein solides Netz gespannt, das System wäre aber nicht durch die vielfach überzogene Nutzung der medizinischen Dienste überfordert.

Nicht der Kapitalismus zeigt hier eine Fratze, es ist vielmehr das Gesicht der falsch verstandenen Sozialpolitik erschreckend.

Der Kapitalismus leidet unter einem Mangel an Kapitalismus

In der Praxis ist der Hinweis auf die frierende und hungernde Zikade nicht völlig von der Hand zu weisen. Dass die übertriebene Sozialpolitik die Absicherung aller gefährdet, war schon zu betonen. Dass aber auch der Kapitalismus versagt, ist näher zu erläutern.

Das Modell der Pensionsfonds ist durchaus überzeugend: Zahlreiche Anleger vertrauen ihre Mittel diesen Fonds an, die diese veranlagen und darauf achten, dass die Kapitalnehmer optimale Ergebnisse erzielen. Beschränkt man die Betrachtung auf dieses Grundmuster, so ist man versucht zu sagen, die Pensionsfonds wären nicht nur eine andere Form der Sozialversicherung, sondern sogar die bessere Variante. Dass dies nicht der Fall ist, ergibt sich aus den Schwächen des Kapitalmarkts, die in Wahrheit die Schwächen des Kapitalismus sind.

Die Aktienbörse ist ein Minderheitenprogramm

Eines der entscheidenden Probleme des Kapitalismus ist der Mangel an Kapitalismus. Diese Feststellung wird wohl unweigerlich auf empörte Ablehnung der Gegner stoßen, die über ein Zuviel an Kapitalismus klagen. Auch erscheint die Bemerkung unter dem Titel „Kampf dem Kapitalismus" höchst unpassend.

Hier ist die Aktienbörse als ein wesentliches Element des Kapitalismus angesprochen. Betrachtet man die Listen der Aktien in den Tageszeitungen und auf den Internet-Portalen, so gewinnt man den Eindruck, dass unendlich viele Angebote den Markt bestimmen. Dieser Eindruck täuscht. Nur ein bescheidener Teil der gesamten Wirtschaft ist an der Börse vertreten, die meisten Unternehmen sind nicht notiert. Dies gilt auch für die USA, wo die Börse eine weit größere Rolle spielt als auf anderen Märkten. Dieser Umstand hat weit reichende Konsequenzen.

Vorweg sei an den Vergleich zwischen der Sozialversicherung und den Pensionsfonds erinnert. Die Sozialversicherung ist eine Pflichtversicherung und beruht auf dem Umlageverfahren, alle zahlen für alle. Das Gleichgewicht ist somit im System enthalten. Bei den Pensionsfonds wirken mehrere Ungleichgewichte. Die Pensionsfonds arbeiten mit den Zinsen und Dividenden, die die Unternehmen, an denen sie beteiligt sind, zur Bedienung des Kapitals zahlen. Da aber die Fonds im Wesentlichen die Mittel nur über die Aktienbörsen veranlagen, haben sie auch nur Zugang zu einem kleinen Teil der Volkswirtschaft. Somit kann das umfassende Gleichgewicht zwischen aktiver Wirtschaft und den Pensionisten nicht zustande kommen. Die Fonds können immer nur in einen relativ kleinen Teil der Wirtschaft investieren und somit auch nur von einem relativ kleinen Teil der Erträge profitieren. Auf der anderen Seite tendiert aber die gesamte Bevölkerung dazu, nach Möglichkeit von den Angeboten der Pensionsfonds zu profitieren. Das Problem wurde hier aus dem Vergleich zwischen der Sozialversicherung und den Pensionsfonds abgeleitet. Das Problem trifft aber alle Anleger und bildet eine zentrale Schwäche der Aktienbörse und des Kapitalismus.

Die Beschränkung der Aktienbörse auf einen kleinen Teil der Wirtschaft bildet kein kritisches Phänomen, wenn auch nur ein kleiner Teil der Anlegerschaft an der Börse investiert. Dies ist aber nicht der Fall. Vor allem seit den siebziger Jahren des zwanzigsten Jahrhunderts ist der Kreis der Anleger immer größer geworden und wächst ständig weiter. Diese Entwicklung resultiert aus dem starken Wirtschaftswachstum, das einer immer größer werdenden Zahl von Personen ein kontinuierlich hohes Einkommen beschert. Auch kommen durch den Jahrzehnte anhaltenden und wachsenden Wohlstand beträchtliche Erbschaften zustande, die veranlagt werden. Im Zuge der Globalisierung entstehen immer mehr moderne Volkswirtschaften, die sich gut entwickeln und für attraktive Einkünfte sorgen. Allerdings ist auch in den neuen Industrieländern nur ein kleiner Teil der Wirtschaft an der Börse präsent. Somit steht die verhältnismäßig kleine Zahl von Aktien zahllosen Anlegern gegenüber, die ihre Veranlagungen auf die relativ wenigen Aktien konzentrieren.

Auf dem Weg zum Börsenkrach?

Dieses Phänomen erklärt den starken Anstieg der Aktienkurse im letzten Drittel des zwanzigsten Jahrhunderts. Der Dow-Jones-Index der New Yorker Börse bewegte sich in den zwei Jahrzehnten nach dem Zweiten Weltkrieg hartnäckig bei 1.000 Punkten und kletterte in der Folge auf über 10.000, obwohl das Sozialprodukt sich in dieser Zeit trotz eines attraktiven Wachstums nicht mehr als verzehnfacht hat. Parallele Entwicklungen sind weltweit zu registrieren. Auch hat die starke Nachfrage nach Aktien dafür gesorgt, dass Krisen auf den Märkten und die damit verbundenen Kursrückgänge zumeist rasch wieder aufgeholt wurden. Allerdings ist diese Konstellation gefährlich. Das Ungleichgewicht zwischen Angebot und Nachfrage bewirkt, dass die Preise ständig tendenziell überhöht sind und dass konstant starke Kursschwankungen drohen. Vor allem besteht die Gefahr, dass sich im einundzwanzigsten Jahrhundert das Gegenstück zur Kurs-Hausse im dritten Drittel des zwanzigsten Jahrhunderts ereignet. Die Bevölkerungsstruktur entwickelt sich weltweit im Zeichen einer kontinuierlichen Zunahme der älteren Bevölkerung und einer deutlich geringeren Zahl von nachwachsenden Jungen. Die durchschnittliche Lebenserwartung nimmt weiter zu. Die Zahl der Pensionisten wird immer größer, die Zahl der Aktiven kleiner.

Noch ist die Zahl der Aktiven ausreichend groß, um ein Kippen des Systems zu verhindern. Mit jeder Alterskohorte, die in die Pension einrückt, wird das Gleichgewicht verschlechtert. Die Pensionisten entsprechen meist nicht dem Bild alter, bedürfnisloser Menschen. Vielmehr handelt es sich überwiegend um aktive, unternehmungslustige, so genannte graue Panther. Und diese wollen das angesammelte Vermögen genießen. Es besteht die Gefahr, dass die Pensionisten in Scharen gleichzeitig ihre Wertpapiere zu Geld machen. Die unvermeidliche Folge wären Kursrückgänge, wodurch die derzeit so respektablen Reserven sehr rasch schmelzen würden wie Schnee in der Sonne.

Die Hoffnung, dass überraschende Veränderungen auf den Märkten einen allgemeinen Kursrückgang verhindern oder verzögern können, erscheint nicht überzeugend. In diesem Zusammenhang ist allerdings doch auf einige positive Erscheinungen zu verweisen. Etwa auf die sich abzeichnende Anhebung des Pensionsantrittsalters. Oder auf den deutlichen Anstieg der Geburten bei den Dreißig- bis Vierzigjährigen. Die allgemeine Zunahme der Einkommen in den neuen Industriestaaten vergrößert zudem den Kreis der potenziellen Aktienkäufer.

Eine Absicherung der Aktienmärkte sollte aber nicht in der Hoffnung auf positive Entwicklungen von außen beruhen, sondern aus einer langfristig tragfähigen Strukturreform resultieren.

Die Nominalwerte – Wenn Geld nicht zu Kapital wird

Eine derart tragfähige Strukturreform kann nur in einer wie immer gearteten Methode bestehen, die dafür sorgt, dass zwischen dem Angebot an Aktien und dem Veranlagung suchenden Kapital ein besseres Gleichgewicht herrscht. Nur eine Ausgewogenheit zwischen Angebot und Nachfrage sorgt für realistische Preise, die für eine nachhaltige Bewertung der Vermögen sorgen.

Der Ausbau des Kapitalmarkts scheitert aber an einer Reihe von Hemmnissen. An erster Stelle ist die Tatsache zu nennen, dass nur die Aktienbörsen einen funktionierenden Markt bilden. In einer perfekt organisierten Weise, die seit langem ausgezeichnet funktioniert und durch die moderne Elektronik noch erheblich verbessert wurde, treffen Kapitalgeber und Kapitalnehmer aufeinander. Die Unternehmungen sind zu einer umfassenden Information verpflichtet, die Verletzung dieser Pflichten hat gravierende Konsequenzen für die Verantwortlichen. Zudem ist das Aktienrecht ein Bereich, der zum Unterschied von anderen Sparten des Gesellschaftsrechts besonders gut ausgearbeitet ist und auch eine reiche Geschichte an gerichtlichen Entscheidungen aufweist.

Dieses hohe Niveau bedeutet aber, dass viele, vor allem kleinere Unternehmen nicht zur Aktienbörse passen. Schon die Rechtsform der Aktiengesellschaft mit ihren umfangreichen Auflagen erweist sich sehr oft als ungeeignet. Die umfassende Information der Öffentlichkeit in Quartalsabständen und der Kontakt mit vielen Anlegern scheitern an der Unternehmenskultur und an den personellen Ressourcen.

Für die zahlreichen Unternehmen, die diese Merkmale aufweisen und die zudem die breite Basis der Gesamtwirtschaft bilden, gibt es keine Börse. Nur wenn dieser Mangel behoben ist, wenn der breiten Masse der Anleger ein Weg zur breiten Masse der Unternehmen und umgekehrt eröffnet wird, kann der Kapitalismus dauerhaft funktionieren.

Die Tatsache, dass außerhalb der Börse kein Kapitalmarkt effizient zur Verfügung steht, löst eine vermeidbare Verarmung der Unternehmer und damit der gesamten Volkswirtschaft aus. Die zahlreichen Firmen, die nicht an einer Börse notieren, können keinen jederzeit nachvollziehbaren Marktwert ausweisen, wie dies bei gehandelten Aktien der Fall ist. Somit gilt in erster Linie der Nominalwert, der auch nur bei den Gesellschaften mit beschränkter Haftung relativ leicht darstellbar ist. Vollends problematisch wird eine laufende Bewertung bei den Personengesellschaften und den Einzelunternehmen.

Die Eigentümer neigen naturgemäß zu einer hohen Bewertung, der Markt gibt nur eine Antwort, wenn der konkrete Verkauf ansteht. Und Verkauf bedeutet in diesem Bereich entweder die vollständige Übernahme oder eine substanzielle Beteiligung, die beide nur Extremfälle darstellen. Eine Konstruktion, die einer Aktienemission entsprechen und einem bestehenden Unternehmen zusätzliches Kapital bringen würde, gibt es nicht. Der Handel mit einzelnen Anteilen, der von den Firmen im Alltag nicht realisiert wird, weil er an der Börse, fern vom jeweiligen Betrieb erfolgt, kann nicht zustande kommen.

Die Kleinen brauchen eine eigene Börse

Die Bemühungen um Märkte für kleinere Unternehmen waren bislang nicht erfolgreich. Die unter verschiedenen Bezeichnungen betriebenen Zweitmärkte der Aktienbörsen mit weniger strengen Auflagen sind zwar interessant, lösen aber das Strukturproblem nicht: Der Anteil der an Börsen notierten Unternehmen ist weiterhin zu gering. Auch ist es nicht gelungen, einer „kleinen AG" zum Durchbruch zu verhelfen. Ebenso haben die Initiativen, einen Handel mit GmbH-Anteilen zu entwickeln, keine nennenswerten Ergebnisse gebracht. Erfolgreicher, aber ebenfalls nicht ausreichend, waren und sind die Beteiligungsgesellschaften, die selbst an der Börse notieren, und das Kapital bei nicht börsefähigen Unternehmen platzieren. Auf diese Weise haben die Firmen zumindest einen indirekten Zugang zur Börse.

Nachhaltig kann aber das Problem nur mit einer funktionierenden Börse für kleinere Unternehmen gelöst werden. Dazu müssen Rahmenbedingungen und gesetzliche Regelungen für kleine Kapitalgesellschaften entwickelt werden. Die starke Verbreitung der GmbH ist sicher ein Indiz für die Bereitschaft vieler, sich in einem wie immer gestalteten Kapitalmarkt zu bewegen. Allerdings bilden Regelwerke nur eine Voraussetzung. Entscheidend ist die Schaffung von Märkten. Es wird kaum sinnvoll sein, kleinere Unternehmen an großen internationalen Börsen zu handeln, auch wenn diese Börsen bereit sind, Teilmärkte zu schaffen. Die Lösung dürfte nur in regional tätigen Märkten bestehen, die aber sehr wohl Techniken benötigen, die sich an den Praktiken der großen orientieren.

Als nahe liegende Partner für die Entwicklung regionaler Kapitalmärkte bieten sich die Kreditinstitute an, die aber mit einem natürlichen Interessenkonflikt zu kämpfen haben.

Kreditinstitute sind keine Börsen

Unternehmen, die keinen Zugang zum Kapitalmarkt haben und ihren Mittelbedarf auch nicht zur Gänze aus den selbst erwirtschafteten Gewinnen decken können, sind auf die Fremdfinanzierung durch Banken angewiesen. Diese bewähren sich als Kreditinstitute im engeren Sinn des Wortes. Die Banken sorgen dafür, dass der Kapitalbedarf der Unternehmen gedeckt wird, dass der fehlende Zugang zum Kapitalmarkt sich im Alltag der Unternehmen nicht überdeutlich bemerkbar macht, dass die Wirtschaft funktioniert.

Steht der Zugang der kleineren Firmen zum Kapitalmarkt zur Debatte, so geht es in der praktischen Realität primär um die Umwandlung von bestehenden Krediten in Beteiligungskapital. Nur in weiteren Etappen würde eine funktionierende Börse der kleineren Unternehmen Anleger anregen, sich diesem Marktsegement zu widmen, und die Unternehmer davon überzeugen, als Kapitalwerber aufzutreten. Die Umwandlung von Krediten in Beteiligungskapital hätte zwar die Vorteile einer marktkonformen, kapitalistischen Bewertung der Unternehmen und eines Zugangs zum Anlegermarkt, aber auch Nachteile.

Die Erträge der Banken beruhen zu einem Großteil auf der so genannten Zinsspanne, auf der Differenz zwischen den Einlagen- und den Kreditzinsen. Auch ist die Organisationsstruktur auf die Hereinnahme von Einlagen und die Vergabe von Krediten abgestellt. Eine Verringerung des Kreditvolumens zugunsten von Beteiligungskapital ist somit problematisch. Nun könnte man argumentieren, dass die Vermittlung von Beteiligungskapital ebenfalls ein attraktives Geschäft ist, das zudem auch schon jetzt von den Banken betrieben wird.

In diesem Zusammenhang sind aber einige Faktoren zu beachten. Die Zinsspanne zwischen Einlagen und Krediten bildet eine kontinuierliche Ertragsquelle. Die Vermittlung von Beteiligungskapital führt nur zu einer einmaligen Provisionseinnahme. Fraglich ist, ob der Handel mit Anteilen in der Folge ausreichend intensiv wird, um attraktive Verkaufsprovisionen zu generieren.

Heikel ist das Verhältnis zu den Anlegern: Als Sparer haben sie eine Garantie für ihre Einlagen, als Käufer von Anteilen müssen sie Risiko in Kauf nehmen. Die Bank hat die Verpflichtung zur „besten Beratung“ und muss mit Vorwürfen rechnen, wenn die Veranlagung nicht erfolgreich verläuft. Im Kreditgeschäft bildet die Summe der Ausleihungen eine Art „Fonds“, in dem Erfolge und Misserfolge zu einem positiven Saldo führen sollen, den der Sparer nur abstrakt an der Solidität seiner Bank abliest.

Auch ist ein System, bei dem die einzelne Bank gleichsam in sich eine Börse bildet, nicht nur aus den geschilderten Problemen der Bank selbst problematisch. Angebot und Nachfrage beschränken sich auf die Kunden der einzelnen Bank. Die bezahlten Preise ergeben sich aus den Verhandlungen im Rahmen der Bank. Somit wird nicht nur die Struktur der jeweiligen Kreditunternehmung überfordert, es kommt auch kein Markt im eigentlichen Sinn zustande, der allein optimale Ergebnisse für die Unternehmen und die Anleger sichern kann.

Kreditinstitute sind keine Börsen. Somit bestätigt ein Blick auf die inneren Strukturen der Banken die Notwendigkeit, regional tätige Börsen für kleinere Unternehmen zu schaffen. Durchaus vorstellbar ist, dass die Kreditunternehmungen die Aufgabe übernehmen, die Firmen auf dem Weg zur Börse zu begleiten und dabei als Investment-Banker im Kleinen agieren. Dabei werden ihnen ohne Zweifel die Erfahrungen aus der Unternehmensanalyse durch die Kreditabteilungen zugute kommen. Allerdings wird sich eine personelle Trennung des Kreditgeschäfts und des Investment-Banking empfehlen, um den Bearbeitern innere Konflikte zu ersparen. Für den Börsegang bietet sich auch die Unterstützung durch Wirtschaftsprüfer, Steuerberater, Wirtschaftsanwälte, Unternehmens- und Vermögensberater oder Notare an. Denkbar ist sogar die Entwicklung eines eigenen Berufszweiges.

Die wundersame Welt der Werte

Unternehmen, die nicht an der Börse notieren, so war zu argumentieren, haben einen enormen Nachteil, weil ihr Wert nicht zum Ausdruck kommt. Man könnte auch formulieren und betonen, dass diese Werte zwar Vermögen darstellen, aber kein Kapital bilden. In diesem Sinne wäre Kapital als Vermögen definiert, das kontinuierlich einen Preis hat.

Allerdings darf die Analyse sich nicht mit dieser Feststellung begnügen. Zu fragen ist, ob die Bewertung der Vermögen, ob die Kurse der Aktien realistisch sind, mehr noch: was unter der Bezeichnung „realistisch" zu verstehen ist, wie Bewertungen und Preise zustande kommen und ob sie auch nachhaltig zu verteidigen sind. Die einfache Antwort würde im Hinweis auf den jeweiligen Aktienkurs als die nicht erschütterbare Wahrheit, auf die je schon gegebene Realität bestehen. Diese einfache Antwort wird aber durch die Schwankungen der Aktienkurse in Frage gestellt: Die Anleger brauchen längerfristig gültige Orientierungen, die Anleger können nicht mit den Kursschwankungen ständig kaufen und verkaufen.

Werte und Preise bilden sich auf dem Kapitalmarkt, Werte sind in den Bilanzen auszuweisen und zudem sind Werte zu berücksichtigen, die weder an der Börse noch in der Buchhaltung anzutreffen sind.

Das KGV als Orientierungshilfe im Nebel der Werte

Die Kürzel KGV oder im Englischen p/e stehen für Kurs-Gewinn-Verhältnis oder price-earning-ratio. Regierten an der Börse die

Logik, die ruhige Überlegung und die Skepsis, würde das KGV im Mittelpunkt des Interesses stehen. Da aber die Hoffnung, der Wettlauf um das schnelle Glück und der Wechsel von himmelhoch jauchzend zu verzweifelt die Szene beherrschen, findet das KGV nur am Rande Beachtung.

Hier sei dieser nützlichen Formel die notwendige Beachtung gewidmet. Beträgt beispielsweise das KGV einer Unternehmung 20, so bedeutet dieser Wert, dass der Aktienkurs dem Zwanzigfachen des Jahresgewinns entspricht. Mit dieser Aussage ist aber auch eine weitere, entscheidende Information vermittelt. Der Jahresgewinn entspricht einer Verzinsung des Kapitals, bezogen auf den Aktienkurs, von fünf Prozent. Für den Anleger ergibt sich somit eine einfache Fragestellung: Bin ich bereit Geld anzulegen, das mit 5 Prozent verzinst ist, wobei zu beachten ist, dass der erwirtschaftete Gewinn und nicht die Ausschüttung das G im KGV definiert? Dies ist auch sinnvoll, da man davon ausgehen kann, dass der im Unternehmen verbleibende Gewinnteil im Wert des Betriebs und somit auch im Aktienkurs seinen Niederschlag finden sollte. Wird ein geringeres KGV ausgewiesen, so ist die Verzinsung höher, bei einem höheren KGV niedriger. Schon bei einem KGV von 25 sinkt der Kapitalertrag auf 4 Prozent.

Vorsichtige Anleger werden folglich Aktien nur kaufen, wenn das KGV eine attraktive Verzinsung ergibt. Aggressive Anleger bringen für diese Einstellung kein Verständnis auf, da das KGV sich nur auf das letzte vorliegende Ergebnis beziehen kann. Entscheidend sei doch, werden die Mutigen argumentieren, vielmehr die Zukunft und da könne ein Unternehmen, das heute Verluste macht und somit ein KGV von unendlich aufweist, erfolgreich abschließen. Und umgekehrt ein Betrieb, der heute Gewinne erzielt, in die Verlustzone abgleiten.

Diese Argumentation hat ohne Zweifel ihre Berechtigung. Auch der vorsichtige Anleger wird seine Entscheidungen nicht ausschließlich am KGV orientieren, aber sehr wohl der Gewinnentwicklung und dem Verhältnis zwischen den Aktienpreisen und den Ergebnissen Beachtung schenken.

Das KGV ist aber nicht nur an der Aktienbörse ein interessanter Wert. Sehr wohl ist diese Relation auch im Bereich der kleineren und mittleren Unternehmen zu beachten. Da gelten allerdings andere Größenordnungen. Ein KGV von 20, das einen vorsichtigen Börsianer nicht beunruhigt – auch wenn er ein KGV von 15 vorzieht – wird bei den mittelständischen Unternehmen als absurd empfunden. Ein KGV von 20 bedeutet nicht nur, dass das Unternehmen eine Kapitalverzinsung auf den Börsenkurs bezogen von 5 Prozent erwirtschaftet. Das KGV von 20 bedeutet, dass der im Aktienkurs ausgedrückte Kaufpreis dem Zwanzigfachen des Jahresgewinns entspricht.

Eine Tischlerei um drei Millionen Euro?

Man stelle sich nun eine kleine Tischlerei, ein Gasthaus oder eine KFZ-Werkstätte vor, die einen Jahresgewinn von 150.000 Euro erwirtschaftet, in alter Währung – zur Illustration gerundet – zwei Millionen Schilling oder 300.000 D-Mark. Bei einem KGV von 20 wären für diese Objekte drei Millionen Euro oder 40 Millionen Schilling oder 6 Millionen D-Mark zu zahlen. Würde ein Marktteilnehmer in diesem Segment derartige Beträge nennen, so müsste er sich Fragen nach seinem Geisteszustand gefallen lassen. An der Aktienbörse gelten KGV von 20 als durchaus vertretbar, weit höhere Werte sind an der Tagesordnung.

Aus diesen Relationen lassen sich Lehren für beide Bereiche ableiten: Die Aktienbörsen neigen zur Überbewertung der Unternehmen, außerhalb der Börse und vor allem im Bereich der mittelständischen Wirtschaft besteht die Tendenz zur Unterbewertung. Eine wesentliche Korrektur der Schwächen des Kapitalismus ließe sich erreichen, würde der überwiegende Teil des Kapitalbedarfs über Börsen aufgebracht: Die Anleger müssten sich nicht mehr auf einige wenige Aktien konzentrieren, die unter dem Druck der Nachfrage zu überhöhten Werten tendieren. Die Verteilung der Mittel auf eine Vielzahl von Unternehmen würde für ruhigere Märkte und realistischere Preise sorgen.

Verführung durch fair value

Die Welt der Werte ist allerdings nicht nur wundersam, wenn die Entstehung der Aktienkurse angesprochen wird. Eigenwillig und verwirrend ist der Ausweis der Werte in den Bilanzen der Unternehmen.

Eine Methode schließt dabei nahtlos an die Börsenkurse an. Vor allem im angelsächsischen Raum dominiert der so genannte Verkehrswert, der im Englischen als fair value bezeichnet wird. Diese Form der Bewertung betont die Frage, welcher Erlös im Falle des Verkaufs eines Guts erzielt werden könnte. Und dieser Betrag wird als Verkehrswert in die Bilanz genommen. Bei Aktien, die an einer Börse notiert werden, bietet sich eine einfache Antwort an: Der jeweilige Kurs, den eine Aktie aufweist, stellt den Verkehrswert dar. Bei Anteilen an Unternehmen, die nicht an einer Börse gehandelt werden, ist die Bewertung schon schwieriger. Da liegt das Vielfache eines Jahresgewinns nahe, doch die Frage nach dem Wievielfachen führt prompt in eine schwierige Debatte. Ein anderer Bereich: Grundstücke und Gebäude werden nicht an Börsen gehandelt, der Verkehrswert muss am Verkaufserlös eines vergleichbaren Objekts abgelesen werden, doch ist meist nicht eindeutig zu klären, welche Transaktion sinnvoll vergleichbar ist.

An diesen wenigen Hinweisen lässt sich bereits ablesen, dass das Verkehrswertprinzip größere Schwierigkeiten aufweist, wenn man um eine Bilanzierung bemüht ist, die der Realität, also dem tatsächlichen Verkehrswert, entspricht. Auch bei einer verantwortungsvollen Bewertung ergeben sich Gefahren, die nicht zu unterschätzen sind. So unterliegen Aktienkurse größeren Schwankungen, sodass der Kurs am Stichtag einer Bilanz von dem Preis, der im Verkaufsfall zu erzielen ist, weit abweichen kann. Dass ein vergleichbares Grundstück in der Phase der Bilanzerstellung einen bestimmten Preis erzielt hat, sagt nichts über einen künftigen Erlös aus. Gerät zudem ein Unternehmen nicht als Einzelfall in Schwierigkeiten, sondern im Zuge einer allgemeinen Rezession, müssen also in der betreffenden Phase viele verkaufen, dann sind die Verkehrswerte, die in der Bilanz stehen, jedenfalls illusorisch.

Allerdings liegt in der geschilderten Problematik die Wurzel eines Übels, das das gesamte System in Frage stellt: Da es keine eindeutigen Kriterien für die Feststellung der Werte gibt, erliegen die Unternehmen der Versuchung, die Werte möglichst hoch anzusetzen. Diese Neigung ist naturgemäß besonders stark, wenn die Ertragslage des laufenden Betriebs unbefriedigend ist und die Geschäftsleitung gerne sich und die Partner mit dem Hinweis auf hohe Vermögenswerte beruhigt. Wenn in der Krise die vermeintlichen Werte verkauft werden sollen oder sogar müssen, folgt das böse Erwachen.

Die großen Skandale in den USA, die zu Milliardenverlusten geführt haben, wurden durch das Verkehrswert- oder fair-value-Prinzip begünstigt. Die Unternehmen konnten die Verluste des laufenden Geschäfts durch den Ausweis hoher Vermögenswerte längere Zeit vertuschen. Die vermeintlichen Aktiva täuschten die Aktionäre und Kreditgeber, die in der Folge die Firmen mit zusätzlichen Mitteln versorgten. So konnten die Manager weiterwerken, es fielen weitere Verluste an und am Ende waren Milliarden vernichtet. Ohne die Scheinwerte auf fair-value-Basis hätten die Verantwortlichen früher Farbe bekennen müssen, die Financiers wären früher auf die Bremse gestiegen.

Mit diesen Hinweisen sei allerdings nicht behauptet, dass Bilanzfälschungen nur in der Welt des Verkehrswertsystems erfolgen. Bilanzfälschungen finden in allen Systemen statt und können, wie alle anderen Vergehen und Verbrechen, nie gänzlich ausgeschlossen werden. Hervorzuheben ist aber, dass die Bilanzierung von Verkehrswerten auch bei vorsichtiger und verantwortungsvoller Vorgangsweise dazu verleitet, die Unternehmen reicher darzustellen, als sie tatsächlich sind.

Wer dem Kapitalismus den Kampf erklärt, muss gegen das Verkehrswertsystem auftreten und vor allem gegen die Unsitte, unter dem Begriff „fair" jene „value" zu verstehen, die man beliebig ansetzt. Womit ein anderes Bewertungssystem in den Vordergrund rückt, das getrost als das Gegenteil von „fair value" bezeichnet werden kann, beträchtliche Vorteile aufweist, aber von Kritikern skeptisch als System des „unfair value" bezeichnet wird: das vor allem in Zentraleuropa stark verankerte Niederstwertprinzip.

Der Niederstwert als unfair value?

Bei Bilanzierung nach dem Niederstwertprinzip werden Anlageobjekte beim Kauf zum Anschaffungswert in die Bilanz genommen und in den Folgejahren abgeschrieben und bis zum Ausscheiden aus dem Unternehmen nur mit einem Erinnerungswert ausgewiesen. Aktiva, die nicht abgeschrieben werden können, bleiben mit dem Anschaffungswert in der Bilanz, werden aber nach Möglichkeit wertberichtigt, sodass auch in diesen Fällen ein niedriger Wert aufscheint.

Diese Methode bewirkt, dass in den Betrieben so genannte stille Reserven entstehen, die sich aus der Differenz zwischen dem Verkehrswert und dem Bilanzansatz errechnen. Da hier, wie bei fair value, der Verkehrswert herangezogen wird, ergeben sich die bereits geschilderten Probleme aus anderer Perspektive. Der Verkehrswert kann nicht präzise angegeben werden und folglich ist auch das Ausmaß der stillen Reserven nicht definierbar.

Tatsache bleibt aber, dass die Bilanzen eine vorsichtige Bewertung aufweisen, mehr noch, dass die Bilanzen im Gegensatz zum

Verkehrswertsystem die Unternehmen tendenziell ärmer darstellen, als sie tatsächlich sind. Dieser Umstand zwingt alle Marktteilnehmer zur Vorsicht und verhindert, dass auf der Grundlage nicht haltbarer Werte Luftschlösser gebaut werden.

Leider ist auch das Niederstwertprinzip kein ideales Konzept. Wie sehr beide Varianten – fair value und Niederstwert – problematisch sind, lässt sich am besten an einem Beispiel aus der Versicherungswirtschaft illustrieren.

Arbeitet eine Lebensversicherung nach dem fair-value-Prinzip, so hängen die Gewinnausschüttungen von der Feststellung der jeweiligen Verkehrswerte ab. Und diese richten sich in erster Linie nach den aktuellen Börsenkursen und der Lage auf dem Immobilienmarkt. Fällt der Auszahlungstermin in eine Hausse-Periode, können sich die Versicherten freuen. Fällt ihr Pensionsantritt in eine Baisse, kommen nur magere Ausschüttungen zustande. Schon diese Konstellation ist problematisch, da das Ergebnis einer oft vierzigjährigen Spartätigkeit von der Laune des Marktes zum Zeitpunkt der Fälligkeit der Versicherung abhängt. Damit nicht genug. Bemisst der Aktuar in einem Jahr die Vermögenswerte zu großzügig und löst dementsprechend eine überhöhte Gewinnausschüttung aus, so entsteht eine Überforderung des Vermögens der Versicherungsunternehmung, die wieder korrigiert werden muss. Und dies ist nur zu Lasten der Ausschüttungen in den Folgejahren möglich. Der Ausweis von fair value kann somit zu einem extrem unfairen Ergebnis für die Versicherten führen.

Beruht eine Lebensversicherung auf dem Niederstwertprinzip, ergeben sich andere Probleme. Eine Gesellschaft errichtet ein Bürogebäude und schreibt es in Jahresraten ab, sodass der ausgewiesene Wert laufend sinkt. Tatsächlich ist das Objekt aber außerordentlich attraktiv und verzeichnet auf dem Markt einen kontinuierlichen Wertanstieg, wodurch eine stille Reserve entsteht. Durch das Niederstwertprinzip kommen die Versicherten nicht in den Genuss der Wertsteigerung, die stille Reserve bleibt ungenützt. Meist werden derartige Objekte von den Versicherungen nicht zur Realisierung möglicher Gewinne verkauft, sondern nur, wenn ein extrem starker Schadenanfall nicht aus den liquiden Mitteln zu bedecken ist und auf Vermögenswerte zurückgegriffen werden muss.

Somit kann auch das Niederstwertprinzip zu einem unfairen Ergebnis für die Versicherten führen.

Auf der Suche nach dem Wert

Der Kapitalismus braucht ein Maß, das zwischen fair value und dem Niederstwert angesiedelt sein sollte. Als Richtschnur könnte beispielsweise ein KGV zwischen 10 und 15 bei Aktien dienen. Zur Illustration: In einem Wertpapierdepot befinden sich verschiedene Aktien, deren Kurse naturgemäß schwanken und deren KGV sich mit den Kursen und den erwirtschafteten Gewinnen verändern. Immer, wenn das KGV einer Aktie über die 10 hinausgeht, sollte eine Art Alarmglocke läuten. Wird der Wert 15 überschritten, würden sich Maßnahmen empfehlen. Die Depotverwaltung muss entscheiden, ob das Papier zu verkaufen ist oder begründen, warum das Papier gehalten wird. Wird das Papier gehalten, so empfiehlt sich für bilanzierende Unternehmen und insbesondere für Versicherungen und Investmentfonds die Bildung einer Wertberichtigung, die den Bilanzansatz auf ein realistisches Maß verringert. Die Höhe sollte der Differenz entsprechen, die zwischen einem theoretischen Preis liegt, der ein KGV zwischen 10 und 15 ergeben würde, und dem tatsächlichen Kurs an der Börse.

Dieses Modell, das nur als erklärendes Beispiel herangezogen sei und sicher nicht die optimale Lösung bietet, würde dafür sorgen, dass die Anleger, seien sie nun Private, Unternehmen, Versicherungen oder Versicherte, mit realistischen, relativ gut abgesicherten Werten konfrontiert wären. In ähnlicher Weise sollte auch die Bewertung anderer Vermögenswerte, wie etwa Grundstücke, vorsichtig gestaltet werden. Selbstverständlich könnte man dieses Modell, wie auch jedes andere, in einem Gesetz verankern und den Unternehmen die Einhaltung zwingend vorschreiben. Allerdings wäre dies nur ein Hilfsmittel. Entscheidend ist, dass der hier skizzierte Umgang mit Kursen und Preisen zur selbstverständlichen Kultur wird.

Die Analyse der Werte, die durch Aktienkurse ausgedrückt werden, führte zu dem Ergebnis, dass der Umgang mit diesem Thema eine Frage der Kultur und weniger der Zahlen ist. Aber zumindest kann man die Kultur im Bereich der KGV zwischen 10 und 15 ansiedeln. Vollends nicht durch Zahlen fassbar ist ein Faktor, der entscheidend für die Beurteilung des Werts eines Unternehmens ist: die Qualität des Managements.

Die entscheidenden Werte sind nicht in Zahlen ausgedrückt

Zwar liefert die Fachliteratur eine Reihe von durchaus hilfreichen Kriterien, tatsächlich gibt es aber keine schlüssigen Antworten auf die Kernfragen: Ist ein Management in der Lage, kritische Situationen rechtzeitig zu erkennen und die entsprechenden Maßnahmen zu treffen? Kann ein Management die Mitarbeiter in einer kritischen Situation zur Solidarität mit dem Betrieb und zu Höchstleistungen motivieren? Verlässliche Antworten auf diese Fragen kommen erst, wenn die kritischen Situationen eintreten. Vorweg ist nur eine Einschätzung möglich, die sich oft als falsch erweist.

Unternehmensberater meinen, dass entscheidende Fragen durch eine Analyse des Betriebs beantwortet werden können: Lässt ein Management den Mitarbeitern kontinuierlich einen entsprechenden Freiraum, um die individuellen Fähigkeiten zu mobilisieren? Schafft ein Management Strukturen, die die Individualität fördern, aber dennoch integrierte Abläufe sichern? Ohne Zweifel liefern Mitarbeiterbefragungen und Beobachtungen Hinweise zu diesen Themen. Wie stark das Wechselspiel von Unternehmensleitung auf der einen und Selbstständigkeit der Mitarbeiter auf der anderen verankert ist und gelebt wird, kann nur vermutet werden.

Vollends der Analyse entzieht sich die Antwort auf eine in geradezu dramatischer Weise bestimmende Frage: Ist gesichert, dass das derzeitige Management eines Unternehmens, das man zumindest aufgrund der Leistungen und des Verhaltens im Betrieb und außerhalb beurteilen kann, durch fähige Persönlichkeiten abgelöst wird? Diese Frage ist nie eindeutig mit „Ja" zu beantworten, da auch tüchtige und viel versprechende Kräfte enttäuschen können. Vor allem werden aber sehr oft im Vorhinein erkennbar unqualifizierte Manager eingesetzt: Nicht selten sind persönliche Eitelkeiten, Freundschaften, Rücksichten auf Faktoren, die nichts mit dem jeweiligen Unternehmen zu tun haben, entscheidend und führen zur Bestellung inkompetenter Führungskräfte. Dem Publikum sind die Hintergründe nicht bekannt, die Öffentlichkeit hat meist auch keine Möglichkeit, die Qualifikation der Neuen zu überprüfen.

Der nachhaltige Erfolg eines Unternehmens wird aber ausschließlich von den Fähigkeiten der gegenwärtigen und der künftigen Manager entschieden. Entsprechen diese nicht, so ist die Frage nach dem KGV oder anderen Daten nebensächlich.

Der Zauber der Börse: Alles ist möglich!

Die Börse bildet das Theater des Kapitalismus. Hier werden alle Varianten ausgelebt, die die Kritiker empören. Hier werden aber auch die Wohltaten des Kapitalismus deutlich.

Da herrscht die ganz normale Gier des einzelnen Aktionärs, der hofft, dass seine – und vor allem seine – Aktie einen spektakulären Kursanstieg verzeichnet. Eine Gier, die nicht nur „ganz normal“, sondern auch legitim ist, wenn die betreffende Gesellschaft Erfolg hat. Notiert eine Firma nicht an der Börse, so kann der Miteigentümer nirgends den sichtbaren Ausdruck des Erfolgs ablesen. Nur wenn er seine Anteile verkauft, erlebt er die Stunde der Wahrheit. An der Börse ist zu jeder Minute einer Börsensitzung die „Wahrheit“ erkennbar. Dass allerdings nicht jeder Börsenkurs die tatsächliche Qualität eines Unternehmens widerspiegelt, kann auch nicht geleugnet werden.

An der Börse wird aber nicht nur die „ganz normale Gier“ ausgelebt, sondern auch jene Gier, die landläufig als „nicht mehr normal“ empfunden wird: Die Spekulation mit Termingeschäften, die immer wieder zu gigantischen Verlusten führt, aber auch Millionäre macht. Dabei kommt eine Technik zur Anwendung, die als Versicherung, als Vorsichtsmaßnahme erfunden und zum puren Risikogeschäft pervertiert wurde. Ein Instrument, das vom Grundsatz her das genaue Gegenteil des so genannten „Turbokapitalismus“ darstellt, wurde zum Werkzeug der Zauberer an den Finanzmärkten, die sich nicht selten als überforderte Zauberlehrlinge erweisen.

Die Börse bietet auch den Schauplatz für die „Heuschrecken“, die Unternehmen kaufen, sie ausplündern und ein Gerippe hinterlassen. Auch die Heuschrecken sind nicht bloß ein Symbol des Schreckens, sondern Ausdruck einer Erscheinung, die nicht nur negative Seiten aufweist.

Die ganz normale Gier

Es gibt keine Veranstaltung über Geldanlage, in der nicht die Vernunft, die Mahnung zur Vorsicht, der Hinweis auf die Risiken ausführlich zu Wort kommen. Und nach jeder derartigen Veranstaltung gehen viele Teilnehmer hinaus und verhalten sich so, als ob sie nichts gehört hätten. Befragt man aber diese Anleger zu ihren Grundsätzen, so geben sie genau die weisen Ratschläge wieder, die sie bekommen haben, aber nicht befolgen.

Dieses Phänomen wird für kurze Zeit korrigiert, wenn spektakuläre Verluste eintreten, die Veranlagungsfehler offenkundig sind und schmerzhafte Folgen auslösen. Sehr bald sind aber die Einbußen überwunden und die klugen Regeln geraten wieder in Vergessenheit.

Auslöser dieser Erscheinungen, die man fast als Gesetze der Börsen bezeichnen möchte, sind die Meldungen über besondere Erfolge. Da immer wieder kräftige Kurssteigerungen eintreten und manchen hohe Gewinne bescheren, fühlen sich jene, die nicht in den Genuss des unverhofften Reichtums kommen, betrogen. Und versuchen in der Folge, das Glück zu erzwingen.

Zu stark ähnelt der Alltag des Börsengeschehens dem Alltag in einem Casino: Man setzt auf rouge, pair oder Zahl und gewinnt oder verliert; man kauft eine Aktie, der Kurs steigt oder fällt. Kaum bewusst ist vielen, dass der Kauf einer Aktie die Beteiligung an einem Unternehmen darstellt und somit der Preis der Aktie zwar ein wichtiges, aber keineswegs das allein entscheidende Merkmal bildet. Der problematische Zugang lässt sich an der Ungeduld ablesen, mit der Kurssteigerungen erwartet werden, zeigt sich am wütenden Ärger, den Kursverluste auslösen. Zu selten wird beachtet, welches Vermögen die Aktie langfristig repräsentiert und welche Ertragskraft die betreffende Firma aufweist.

Nicht wenige Anleger messen sogar den Erfolg einer Veranlagung an der Periode, die sie benötigen, um das eingesetzte Geld zurückzubekommen, um anschließend gleichsam „netto" an dem Papier zu verdienen. Dies bedeutet, dass die jährliche Verzinsung mindestens sieben Prozent betragen muss, damit die Wartezeit nicht mehr als zehn Jahre beträgt. Und dass möglichst kräftige Kursgewinne das Ziel rascher erreichen lassen. Diese Gruppe lässt den Hinweis nicht gelten, dass eine solide Veranlagung, die dauerhaft zwischen drei und fünf Prozent real abwirft und keine besonderen Kurssteigerungen aufweist, im historischen Vergleich einen soliden Platz einnimmt.

An dieser Stelle muss allerdings angemerkt werden, dass die geschilderten Verhaltensmuster keineswegs nur für die so genannten „Kleinanleger" bestimmend sind. Auch die professionellen Anleger, die als Fondsmanager oder Vermögensverwalter arbeiten, sind nicht gegen die von Emotionen getriebene Gier nach dem schnellen Geld gefeit. Zu verlockend ist es, einem Trend zu folgen. Damit nicht genug, es gibt zahllose Beispiele, dass auf diese Weise schon Vermögen gemacht wurden. Warum also soll in dem konkreten Fall, in dem der einzelne Privatanleger oder der Fondsmanager eben jetzt auf die Hoffnung und nicht auf die Logik setzen, das Glück ausbleiben?!

Über allem steht die Tatsache, dass nichts so schwierig zu prognostizieren ist wie die Zukunft und man nie ausschließen kann, dass eine Veranlagung entgegen allen Erwartungen doch zum Erfolg führt. Wie doch viele Fälle schon gezeigt haben.

Gelegentlich führt auch die Logik zu einem Run, in dem jede vernünftige Überlegung unterbleibt. Als in der zweiten Hälfte der neunziger Jahre die Elektronik einen weiteren Neuerungsschub erlebte und vor allem das Internet seinen Siegeszug antrat, war die Annahme plausibel, dass Unternehmen, die in diesem Bereich tätig sind, erfolgreich sein müssten. Aus dieser überzeugenden Argumentation entwickelte sich die Illusion, dass jede Aktivität, die nur im Entferntesten mit Internet in Zusammenhang steht, zu prächtigen Gewinnen führen wird. In der Folge fanden sogar die Anteile von Unternehmen reißend Absatz, die nicht einmal einen regulären Betrieb hatten, die minimale oder überhaupt keine Umsätze aufwiesen und selbstverständlich keine Gewinne erwirtschafteten. Ihr einziges Atout bestand in der Tatsache, dass sie sich mit Internet befassten und einen irgendwie gearteten Plan vorwiesen, dessen noch fragliche Umsetzung Erfolg versprach. Tatsächlich konnten in dieser als „Technologieblase" in die Börsengeschichte eingegangene Phase riesige Kursgewinne genutzt werden.

Um das Malheur abzurunden, wurden auch alle anderen Branchen in Mitleidenschaft gezogen, die in der Phase der Begeisterung für Internet und Elektronik sogar in Misskredit gerieten. Bis zum Absturz 2000 hielt sich das Wort von der „new economy", die allein attraktiv sei, und nur Ahnungslose würden noch in die „old economy" investieren. Kritische Stimmen, die kein Gehör fanden, stellten die ketzerische Frage, ob denn das entscheidende Merkmal der new economy in der Absenz jeglicher Gewinne bestehe.

Anfang 2000 setzte sich bei den Anlegern die Erkenntnis durch, dass sie einer Schimäre nachgelaufen waren. Schlagartig sackten die Kurse ab. Ein Phänomen, das in der Börsengeschichte nicht zum ersten Mal eintrat und in der Vergangenheit zum Einbau einer klugen Vorsichtsmaßnahme führte: Lange hielt sich als Lehre aus den Erfahrungen der Zwischenkriegszeit an vielen Börsen die Regel, dass Kurse sich innerhalb eines Tages nur im Rahmen einer relativ kleinen Bandbreite bewegen können. Werden die Grenzen erreicht, wird der Handel mit der betreffenden Aktie bis zum Folgetag ausgesetzt, um eine Phase der Überlegung bei den Marktteilnehmern zu erzwingen. Im letzten Drittel des zwanzigsten Jahrhunderts wurden diese Bremsen beseitigt. Derartige Eingriffe gerieten als überholte Marktbehinderungen in Verruf.

So wie in der Hausse unkritisch gleichermaßen in gute Betriebe und in Scheinfirmen investiert wurde, strafte die Börse in der Baisse auch die erfolgreichen Technologiefirmen.

Typisch für die Reaktion des Börsepublikums herrschte nach dem Platzen der „Technologieblase“ Wut, Skepsis und vor allem Vorsicht. Sehr rasch erholten sich die Börsen, nicht zuletzt dank dem bereits geschilderten anhaltend großen Volumen an Kapital, das veranlagt werden muss, und einem in Relation zu diesem Volumen geringen Angebot an Aktien. Zur Jahresmitte 2006 hörte man bei den Skeptikern bereits wieder öfter die Frage, ob nicht die Technologieaktien erneut überbewertet wären.

Beschränkt man die Börse auf die „ganz normale Gier“, so bleiben die Risiken überschaubar. Solange die Unternehmen nicht untergehen und auch nur halbwegs brauchbare Strukturen aufweisen, haben die Aktien einen Wert und es besteht immer die Chance, dass die Situation der Firma sich bessert und die Kurse wieder steigen. Vor allem kann man nicht oft genug unterstreichen, dass nur die Aktienbörse kontinuierlich den Wert einer Gesellschaft ausweist.

Dies ist nicht der Fall, wenn man sich aus dem Bereich der „ganz normalen Gier“ in jene Sparte vorwagt, die gerne als „nicht mehr ganz normal“ bezeichnet wird – in das Reich der Derivate.

Hedge (die Hecke): Wie eine Versicherung zur Spekulation pervertiert wird

Zum Schlagwort wurde die Bezeichnung „hedge“ durch den sensationellen Aufschwung der hedge-fonds zu Beginn des neuen Jahrtausends. Die Tätigkeit dieser Fonds ist nicht eindeutig definiert, da es sich um ein relativ freies Segment handelt. Auch haben die meisten hedge-fonds ihren Sitz in den so genannten offshore-Märkten, die nur schwach reglementiert sind. Somit gibt es keine eindeutige Definition eines hedge-fonds, da jeder eine andere Geschäftspolitik verfolgt. Man kann allgemein davon ausgehen, dass diese Fonds besonders die verschiedenen derivativen Finanzinstrumente nutzen.

Zu trauriger Berühmtheit gelangte 1998 die Firma „Long-Term Capital Management – LTCM“, die einen Verlust von vier Milliarden Dollar mit hedge-Geschäften erlitt. Die Pikanterie bestand in der Tatsache, dass zwei für ihre Forschungen auf dem Gebiet der Finanztechnik ausgezeichnete Nobelpreisträger – Robert C. Merton und Myron Scholes – dem Unternehmen angehörten und mit hoch komplizierten Methoden für ein optimales Risikomanagement sorgen sollten. Die Berechnungen erwiesen sich als falsch, Umstände, die nur einmal in Milliarden Jahren eintreten sollten, ereigneten sich prompt zwei Mal innerhalb weniger Tage und lösten den gigantischen Verlust aus.

Das Termingeschäft

Die zahlreichen Formen des Derivativgeschäfts beruhen alle auf einigen, verhältnismäßig einfachen Grundmustern, die in der Praxis zu einer Geheimwissenschaft aufgebauscht werden.

Der entscheidende Begriff lautet schlicht „Termingeschäft“: Zwei Partner vereinbaren ein Geschäft, das an einem bestimmten Tag in der Zukunft realisiert wird. Ein derartiges Termingeschäft kann beispielsweise in der Vereinbarung bestehen, dass der Geschäftspartner A dem Partner B an einem bestimmten Tag eine bestimmte Menge von Aktien, Rohstoffen oder anderen Objekten zu einem bestimmten Preis verkauft. Handelt es sich um eine so genannte Option, also um eine Wahlmöglichkeit, dann gibt diese Vereinbarung B das Recht, die Lieferung zu den vereinbarten Konditionen zu verlangen, und nimmt nur A in die Pflicht, die Lieferung auch tatsächlich durchzuführen.

Denkbar sind selbstverständlich auch Verträge, die A und B zur Realisierung des Geschäftes verpflichten, doch sei hier das

Beispiel der Option herangezogen, also der Variante, die B das Abrufen ermöglicht, aber A in die Pflicht nimmt.

Zur Illustration sei angenommen, dass es sich um Aktien handelt, die von A an B am vereinbarten Tag um 80 Euro je Stück zu liefern sind. Für diese Bereitschaft erhält A eine Prämie, die seine Bereitschaft abgilt. Für A stellt die Prämie eine interessante Einnahme dar. Er selbst hat die Aktien vielleicht um 60 Euro gekauft und würde bei der Abgabe um 80 ein gutes Geschäft machen. B ist ein Vermögensverwalter, der die Aktien zur Abrundung seines Portefeuilles braucht und hält, etwa auf der Basis des KGV, den Preis von 80 für angemessen und die Prämie für vertretbar.

Die Partner haben für das Geschäft die Schwankungen der Börse ausgeschaltet und eine Kondition geschaffen, die für beide Seiten vorteilhaft ist. Hier ist ein Vorgang demonstriert, der das Gegenteil von Spekulation darstellt, da alle Beteiligten die Konditionen und die Termine kennen und keiner auf Kursgewinne oder Kursverluste baut. Das System ist mit einer Versicherung vergleichbar und wird auch gerne als Kurssicherung bezeichnet. Hier passt auch bestens das Wort „hedge“, das auf Deutsch Hecke bedeutet: Die Partner bauen eine Hecke gegen Kursschwankungen, bewegen sich in ihrem Geschäft hinter der schützenden Hecke ihrer Kurssicherung.

Die Versicherung als Spekulation

Wie wird nun aus der Versicherung ein Spekulationsgeschäft? Das geschilderte Geschäft wird beispielsweise am 1. März des Jahres X abgeschlossen, der Kurs der Aktie bewegt sich gerade deutlich nach oben und liegt bei 70 Euro. Das zu vereinbarende Termingeschäft soll am 30. Juni abgewickelt werden, es verbleiben somit vier Monate, in denen sich der Kurs der Aktie verändern wird. Wie er sich verändern wird, kann niemand präzise vorhersagen. B, der Besteller der Aktie, mag befürchten, dass er am 30. Juni 100 Euro an der Börse zahlen muss; A, der Lieferant, ist vielleicht skeptisch und rechnet mit eher stabilen Kursen. Aus diesen unterschiedlichen Einschätzungen resultiert eine wie immer geartete Prämie für die Option, die hier mit 5 Euro angenommen sei.

Liegt der tatsächliche Börsenkurs während der Laufzeit der Option bei 80 oder unter 80, so ist die Option, die den Kauf zu 80 am 30. Juni sichert, rein rechnerisch nichts wert, sie begründet aber nach wie vor den attraktiven Vorteil, die Aktien am 30. Juni sicher um 80 Euro abrufen zu können. Steigt allerdings der Kurs beispielsweise auf 90 Euro, so ist die Option bereits 10 Euro wert, klettert der Kurs weiter auf vielleicht 95, so ist das Recht auf Lieferung um 80 rechnerisch bereits 15 Euro wert. Ein Interessent, der einen Anstieg auf 120 erwartet, wird den Wert der Option nicht nur als Differenz zwischen dem aktuellen Kurs und dem vereinbarten Preis ansetzen, sondern die Spanne zwischen dem von ihm erwarteten Kurs am 30. Juni von 120 und dem vereinbarten Preis von 80 ansetzen und daher die Option sogar mit 40 Euro bewerten. Er zahlt vielleicht 30 Euro und rechnet damit, die Aktien um 80 Euro vereinbarungsgemäß am 30. Juni zu bekommen und sie um 120 Euro zu verkaufen, also noch einen Gewinn von 10 Euro je Aktie zu erzielen.

Für B, der die Option um 5 Euro erworben hat, bietet sich somit die willkommene Gelegenheit, die Option um ein Vielfaches zu verkaufen und einen hohen Gewinn zu realisieren. Und genau dieses Phänomen hat auch den Aufschwung des Optionenmarktes ausgelöst, wobei hier nur eine Variante zur Illustration erläutert sei, da sich das Prinzip auch bei den anderen Konstellationen wiederholt. Diese eine Variante bietet auch die Möglichkeit, die verschiedenen Probleme und Gefahren aufzuzeigen, die bei Termingeschäften generell zu beachten sind.

In dem gewählten, ursprünglichen Beispiel braucht B die Aktien am 30. Juni tatsächlich. Durch die Abgabe der Option hat er zwar einen Gewinn realisiert, muss aber die Aktien am 30. Juni über die Börse zu dem an diesem Tag gegebenen Kurs kaufen. Er riskiert also, dass er einen Preis bezahlen muss, der vielleicht höher ist als 80 Euro zuzüglich des Gewinns aus dem Verkauf der Option. Er riskiert somit im Endeffekt eine Belastung seines Portefeuilles, die er durch die Option vermieden hätte. Die Aktion kann auch gut ausgehen, der Kurs ist vielleicht am 30. Juni sogar nur bei 70 und er hat zusätzlich einen Gewinn aus dem Verkauf der Option lukriert. B ist nicht mehr abgesichert, er hat keine Hecke mehr, er ist ungeschützt dem Risiko ausgesetzt.

Die Spekulation des Käufers der Option

In dem gewählten Beispiel agiert der Käufer der Option nur als Spekulant, der 30 Euro einsetzt, um 10 Euro Gewinn zu machen, oder auch mehr, wenn der Kurs über 120 steigt. Tritt der Kursanstieg nicht ein, so sind mehrere Varianten zu berücksichtigen. Bei einem Kurs von 110 am 30. Juni hat der Käufer der Option keinen Verlust: Er erhält die Aktien um 80 Euro und hat 30 Euro für die Option gezahlt und verkauft die Aktien zum Tageskurs von 110. Liegt der Kurs unter 110, so erleidet der Käufer, der die Option um 30 erworben hat, einen Verlust. Bei einem Tageskurs am 30. Juni von 80 Euro je Aktie oder weniger sind die 30 Euro zur Gänze verloren.

Zur Erinnerung: Ursprünglich wurde die Option um 5 Euro vereinbart, um ein tatsächlich notwendiges Geschäft abzusichern und der Käufer B akzeptierte die Kosten der Option bewusst als eine aus der Sicht seiner Vermögensverwaltung vertretbare Versicherungsprämie. Aus diesem Instrument wurde nun das geschilderte Risikopapier.

Die Situation des Käufers der Option, der 30 Euro bezahlt hat und im Endeffekt diese 30 Euro verliert, ist nicht kritisch, wenn der Betreffende mit seinem eigenen Geld spekuliert und dieses Geld auch frei verfügbar hat und den Verlust verschmerzen kann. Dies ist aber in der Praxis oft nicht der Fall.

Meist geht es nicht um 5 oder um 30 Euro, sondern um Millionen, die in der Hoffnung eingesetzt werden, ein Vielfaches der 10 Euro zu kassieren, auf die auch der Käufer der Option in dem geschilderten Beispiel baut. Derartige Transaktionen werden sehr oft mit Krediten finanziert, wobei gerade die eingangs zitierten hedge-fonds meist mit Fremdkapital arbeiten. Die Beträge aus dem geschilderten Beispiel müssen mit Millionen multipliziert werden und so kommt es auch immer wieder zu gigantischen Verlusten. Sorgen nicht andere Spekulationen der jeweiligen Akteure für entsprechende Gewinne, die einen Ausgleich ermöglichen, so ist die Katastrophe unvermeidlich.

Dies ist auch die Antwort auf die bange Frage der Außenstehenden, wie denn Millionen plötzlich wertlos werden können: Am Tag der Fälligkeit entscheidet sich das Schicksal der Option, am Tag danach gibt es die Option nicht mehr. Während der Laufzeit besteht immer noch die Möglichkeit, die Option mit Gewinn weiterzuverkaufen; für denjenigen, der am Ende der Laufzeit im Besitz der Option ist, schlägt die Stunde der Wahrheit.

Das Risiko des Partners A

Zu betrachten ist auch die Situation des Partners A, der sich bereit erklärt hat, die Aktien am 30. Juni um 80 Euro das Stück zu liefern und für diese Bereitschaft eine Prämie kassiert hat. In dem Beispiel ist A tatsächlich im Besitz dieser Aktien und wäre mit einem Erlös von 80 Euro und der Prämie zufrieden. Sollte die Option nicht in Anspruch genommen werden, hätte A den Vorteil der Prämie und würde problemlos weiter die Aktien halten.

Der Alltag der Finanzmärkte zeigt allerdings oft ein anderes Bild. A verspricht zwar die Lieferung der Aktien um 80 Euro, ist aber nicht im Besitz der Papiere und rechnet damit, dass die Option ohnehin nicht in Anspruch genommen wird. Er hofft, die Prämie zu kassieren und keine weitere Verpflichtung zu haben. Auch geht er davon aus, im Ernstfall sich die Aktien ohne größere

Schwierigkeiten beschaffen zu können. Auch in dieser Hinsicht ist aus dem ursprünglichen Absicherungsgeschäft zwischen A und B eine hochriskante Spekulation des A geworden. Steigt etwa der Kurs der Aktie auf 120, wie einer der Teilnehmer an dem geschilderten Karussell erwartet, so muss A die versprochenen Aktien um 120 Euro kaufen und um 80 Euro liefern. A erleidet einen enormen Verlust. Da derartige Transaktionen von großen Finanzinstitutionen und insbesondere von hedge-fonds mit Millionenbeträgen gemacht werden, kommen auch entsprechend hohe Verluste zustande.

Die gigantischen Verluste beeindrucken naturgemäß die Öffentlichkeit und verstärken die Kritik am Kapitalismus. Allerdings handelt es sich hier um ein Phänomen, das nur jene trifft, die an diesen hochriskanten Spielen teilnehmen. Eine wirksame Barriere ist bei den viel zitierten hedge-fonds gegeben, an denen man sich nur mit sehr hohen Summen beteiligen kann, die die meisten Anleger überfordern.

Grundsätzlich sollten sich Privatanleger mit durchschnittlichen Einkommen von Derivaten fernhalten oder jedenfalls nur kleine Beträge einsetzen. In diesem Zusammenhang ist auf den Optionenhandel zu verweisen, der einem breiten Publikum den Zugang zu diesem Bereich eröffnet und mit verhältnismäßig geringen Einsätzen lockt. Während der Laufzeit der Option können auch hohe Gewinne erzielt werden, die Anleger sollten aber wissen, dass mit dem Tag der Fälligkeit jede Option ihren Wert verliert.

Festzuhalten ist, dass sehr viele Banken und auch Industriebetriebe sich in diesem Bereich engagieren. Die Versicherungsunternehmen nützen die geschilderten und tatsächlich gegebenen Möglichkeiten zur Absicherung ihrer Risiken im versicherungstechnischen Geschäft wie in der Vermögensveranlagung. Werden die derivativen Instrumente tatsächlich zur Absicherung eingesetzt, so ist das Engagement nicht nur nicht zu kritisieren, sondern vielmehr zu begrüßen.

Viele Unternehmen begeben sich jedoch auf das Glatteis der Spekulation und erleiden enorme, weit reichende Schäden, die sich schicksalhaft auf tausende Mitarbeiter und Aktionäre auswirken. Da zeigt dann der Kapitalismus tatsächlich seine hässliche Fratze und bekommt Firmennamen, die von Enron in den USA bis zur BAWAG in Österreich reichen.

Aus diesem Grund galten in vielen Ländern lange Regeln, die Termingeschäfte ohne das tatsächliche Vorhandensein der Geschäftsgrundlagen untersagten. Erst im letzten Drittel des zwanzigsten Jahrhunderts setzte sich die Überzeugung der Marktteilnehmer auch in den Gesetzen durch, dass die modernen Techniken in der Lage wären, das Risiko zu meistern. Verführt von den Berechnungen einiger Wissenschaftler, die auch mit dem Nobelpreis dekoriert wurden, entstand der Eindruck, man könne die Entwicklung der Märkte so weit abschätzen, dass extreme Verluste unmöglich wären. Hier sei an die Theorien über Portfolio-Management der Nobelpreisträger des Jahres 1990, Harry M. Markovitz, William F. Sharpe und Merton H. Miller, erinnert sowie an die Bewertung von Finanzoptionen durch die Laureaten des Jahres 1997, Myron Scholes und Robert C. Merton. Die enormen Möglichkeiten der modernen Computer verstärkten die Illusion, dass man endlich die Zukunft besser im Griff habe. Dies hat sich als Irrtum herausgestellt, sodass eine Rückkehr zu den alten Regeln oder zumindest die Vorgabe von Risiko begrenzenden Maßnahmen überlegenswert erscheint. Tatsächlich geht die Entwicklung aber in eine andere Richtung. Die EU-Kommission etwa kommt in einer 2006 fertig gestellten Analyse zu dem Schluss, dass hedge-fonds möglichst wenigen Restriktionen zu unterwerfen sind.

Mit dieser Ausrichtung wird dem von hedge-fonds betriebenen so genannten „Turbokapitalismus“ ein Freibrief ausgestellt. Dabei wäre gerade die Errichtung funktionierender finanztechnischer Hecken eine ideale Methode, um die Vorteile des Kapitalismus zu sichern und die Nachteile abzuwehren.

Der schwierige Umgang mit Heuschrecken

Die beiden prominenten deutschen Sozialdemokraten Franz Müntefering und Gerhard Schröder haben das Wort vom „Heuschrecken-Kapitalismus“ populär gemacht. Das Bild ist nicht schlecht gewählt: Hemmungslose Anleger erobern ein Unternehmen, kündigen tausende Mitarbeiter, steigern brutal die Gewinne, machen alle Vermögenswerte zu Geld, hinterlassen ein kahl gefressenes Gebilde und ziehen weiter zum nächsten Opfer. Tatsächlich ist diese Vorgangsweise nicht selten zu beobachten und zeigt die gefürchtete Fratze des Kapitalismus. Dass die hedge-fonds in diesem Zusammenhang auch zum Ziel der Kritik wurden, ist nicht weiter erstaunlich, da viele Fonds sich dieser Praktiken bedienen.

Im Mittelpunkt der Kapitalismus-Debatte steht die massenweise Kündigung von Mitarbeitern. Es war schon zu betonen, dass dieses Phänomen in den meisten Fällen nur das Ergebnis einer schlechten Personalpolitik ist, die vermeidbare Härten für zahllose Menschen auslöst und zudem den Unternehmen schadet.

Zu beachten ist aber auch, dass das Verhalten der so genannten Heuschrecken bei den Unternehmern und Managern problematische Reaktionen gegenüber dem Kapitalmarkt im Allgemeinen auslöst. In diesem Kreis wird der Gang an die Börse als Gefahr für den Betrieb empfunden. Jede Aktie im Publikum öffnet einen Zugang zum Unternehmen, größere Pakete schaffen beträchtliche Rechte. Ist die Übernahme der Mehrheit von den ursprünglichen Eigentümern nicht aufzuhalten, so ist das Schicksal des Betriebs besiegelt.

Die Angst ist allgemein und bezieht sich nicht nur auf die geschilderten Extremfälle, die zur Bezeichnung „Heuschrecken“ geführt haben. Auch weniger brutale Investoren, die vielleicht sogar einen konstruktiven Beitrag zur Entwicklung der jeweiligen Firma leisten könnten, stoßen auf Ablehnung, da die Eigentümer und Geschäftsleiter ihren Weg gehen wollen. Zahllose Beispiele geben den Skeptikern Recht. Es ist für die Unternehmen sehr oft besser, sie gehen weiter ihren eigenen Weg und schützen sich vor dem Zugriff, auch vor dem Zugriff von Partnern, die verantwortungsvoll handeln.

Nicht übersehen darf man aber die vielfach gegebene, gegenteilige Situation. Die Abwehr von Investoren erfolgt nicht immer nur aus guten Gründen. Nicht selten verteidigen Unternehmer, die sich zu Patriarchen entwickelt haben, ihre teilweise noch aus der Gründungszeit des Betriebs stammenden Strukturen. Dabei wäre die Hereinnahme von Partnern, die konstruktiv neue Impulse einbringen, bereits ein Gebot der Stunde, um das Überleben der Firma langfristig zu sichern. Nicht immer geht es um Heuschrecken, die eine lebendige Pflanze kahl fressen; auf der Seite der Betriebe sind nicht selten Versteinerungen zu beklagen, die ebenso kritikwürdig sind.

Welche Beweggründe auch immer den Weg an die Börse verhindern, das Phänomen ist in seiner Gesamtheit unerfreulich, weil dadurch vielen Firmen der Zugang zur Börse und somit zu attraktivem Beteiligungskapital verwehrt bleibt. Es lohnt also, die Möglichkeiten des Aktienmarktes auszuloten.

Aktie ist nicht gleich Aktie

Die Gefahr, dass die Aktien von Käufern erworben werden, die den Vorstellungen der ursprünglichen Eigentümer nicht entsprechen, ergibt sich aus der derzeit gängigen Konzeption. Auf dem Markt dominieren so genannte Inhaberpapiere. Dies bedeutet, dass jeder, der Besitzer, also jeder, der „Inhaber" einer Inhaberaktie ist, auch die mit dieser Aktie verbundenen Rechte ausüben kann. Ist das Volumen der im Publikum platzierten Aktien sehr groß, so kann ein Investor mit einem attraktiven Angebot leicht einen nennenswerten Anteil erobern und schon als Großaktionär agieren. Nicht selten gelingt dann auch der nächste Schritt und über weitere Zukäufe erreicht der Interessent die Mehrheit und vermag über die weitere Entwicklung der Firma zu bestimmen. Die in vielen Märkten gegebene Verpflichtung für Erwerber von Mehrheiten, den Minderheitsaktionären ein attraktives Angebot zu machen, behindert nur in Einzelfällen den Übernahmeeifer.

Der Siegeszug der anonymen Inhaberaktie erfolgte nicht zufällig. Der große Vorteil dieser Aktienkategorie ist der problemlose Umgang. Die Ausgabe ist einfach, ebenso der Kauf, der Verkauf oder die Übertragung. Diese Vorteile sind entscheidend und sichern auch in Zukunft die Dominanz der Inhaberaktie.

Allerdings gibt es auch eine Reihe von Varianten, die zwar keine absolute Garantie gegen unerwünschte Angriffe aggressiver Investoren bieten, aber dennoch eine Schutzfunktion ausüben. Wenig beachtet wird die Tatsache, dass Aktien nicht nur als Inhaberpapiere konzipiert werden können. Die Namensaktie ist eine interessante Alternative, die allerdings den Nachteil hat, dass die Weitergabe nicht problemlos erfolgen kann. Jeder Aktionär ist namentlich im so genannten Aktienbuch eingetragen und im Falle des Verkaufs wird der Name des neuen Eigentümers vermerkt. Selbstverständlich ist diese Form für den lebendigen Aktienhandel an den modernen Börsen ungeeignet, wo hunderttausende Aktien ständig den Besitzer wechseln. Ein Unternehmen, das nur Namensaktien ausgibt, wird auf dem Markt kaum Interessenten finden.

Hier sei daran erinnert, dass eine Gesellschaft nicht nur eine Kategorie aufweisen muss. Die Unterscheidung in Stamm- und Vorzugsaktien, die in jüngster Zeit wenig genutzt wird, bietet attraktive Möglichkeiten. Den Stammaktien wird beispielsweise das Stimmrecht vorbehalten, die Vorzugsaktien bleiben stimmrechtslos. Geht ein Unternehmen an die Börse, so bietet sich die Ausgabe von Vorzugsaktien an, die den Käufern von vornherein keinen Einfluss auf die Firma einräumen. Zum Ausgleich wird aber dieser Gruppe von Aktionären eine so genannte Vorzugsdividende, daher auch der Name der Aktie, garantiert. Die Vorzugsdividende wird in jedem Jahr ausbezahlt, unabhängig von der Gewinnsituation. Ist das Unternehmen gezwungen, sogar die Vorzugsdividende ausfallen zu lassen, behalten die Vorzugsaktionäre ihren Anspruch auch in den Folgejahren. Erzielt das Unternehmen hohe Gewinne, so wird über die Vorzugsdividende hinaus eine gewinnabhängige Dividende bezahlt.

Die stimmrechtslose Aktie hat den Vorteil, dass das Papier nur von Anlegern gekauft wird, die an den Dividenden und der Kursentwicklung der Aktie interessiert sind, aber keine Ambitionen hegen, die Firma zu übernehmen.

Der kluge Umgang mit dem Stimmrecht

Für die Eigentümer eröffnet die geschilderte Konstruktion die Möglichkeit, mit einem kleinen Volumen von stimmberechtigten Stammaktien auch einen Großkonzern zu kontrollieren. Erliegen allerdings Stammaktionäre den Verlockungen eines Übernahmeangebots, so verkehrt sich der Vorteil in das Gegenteil, da mit relativ kleinen Paketen der angreifende Investor Einfluss auf die Unternehmung gewinnt.

Auch hierfür gibt es ein brauchbares Rezept. Stimmberechtigte Aktien, die einer Sperrminorität entsprechen, werden in einer Stiftung geparkt, die in den Statuten den klaren Auftrag bekommt, diese Aktien auf Dauer zu behalten und mit Hilfe der Sperrminorität bestimmte Entwicklungen, wie etwa eine unliebsame Übernahme, zu verhindern. Wird in der Struktur des Aktienkapitals die Unterscheidung zwischen stimmberechtigten und stimmrechtslosen Aktien vorgenommen, so kann die Stiftung relativ leicht eine extrem starke Position einnehmen. Die Stiftung ist an die Statuten gebunden, sodass die Einhaltung der vorgegebenen Ziele gesichert ist.

Die absolute Garantie ist auch bei Stiftungen nicht unbedingt gegeben. Vor allem sind die Stifter nur selten bereit, bedingungslos die Verfügungsgewalt über das Stiftungsvermögen der Stiftung zu überlassen. Werden hier Rückzugsmöglichkeiten offen gelassen, so können die Stifter oder ihre Erben die ursprünglichen Vorgaben korrigieren.

Man ist den Heuschrecken wie auch anderen Investoren, die diese Bezeichnung nicht verdienen, aber vielleicht auch nicht willkommen sind, keineswegs hilflos ausgeliefert. Es gilt, die verschiedenen Möglichkeiten zu nützen, die sehr wohl Barrieren schaffen können. In diesem Zusammenhang ist auch der Gesetzgeber gefordert, da nicht in allen Aktien- und Börsengesetzen die verschiedenen Kategorien vorgesehen sind. Auch ist nicht in allen Ländern gesetzlich geregelt, dass der Erwerb von größeren Paketen oder von Mehrheitsanteilen zu publizieren ist und dass neue Mehrheitseigner den Minderheitsaktionären ein attraktives Kaufangebot machen müssen.

Der Einzelne ist sehr wohl in der Lage, den Auswüchsen des Kapitalismus zu begegnen und kann dabei auch von den gerne als machtlos entschuldigten Gesetzgebern Unterstützung erwarten.

Die offenen Flanken sind schwer zu schließen

Aktiengesellschaften, die an Börsen notieren, bieten tatsächlich aggressiven Investoren sehr oft offene Flanken. Für die Angreifer sind besonders Vermögen interessant, die nicht mit dem unmittelbaren Geschäftsbetrieb in Zusammenhang stehen und daher nach einer Übernahme relativ problemlos zu verwerten sind. Diese Werte existieren aber meist nicht zufällig in einem Unternehmen. Dabei handelt es sich vielfach um Grundstücke, die vorsorglich für mögliche Erweiterungen des Betriebes erworben wurden. Oder auch um Grundstücke, die nur als eiserne Reserve dienen. Oder um Beteiligungen, die gehalten werden, um über eine Diversifizierung das Unternehmen krisenfest zu machen.

Somit entsteht die paradoxe Situation, dass Vermögen, die als Absicherung fungieren, zur Bedrohung werden, weil sie die Begierde von Investoren wecken. Die Antwort auf diese Gefahr könnte in der Verlagerung dieser Vermögen in eine Unternehmung bestehen, die nicht an der Börse notiert. Hier sei an das Beispiel der Stiftung erinnert, die eine aus Stammaktien bestehende Sperrminorität hält, um Angreifer abzuwehren. Dieser Stiftung könnten auch Grundstücke und Beteiligungen anvertraut werden.

Dagegen müssten aber prompt alle bestehenden Aktionäre empört protestieren, da ihnen Vermögen entzogen und der Stiftung übertragen wird, zu der sie keinen Zugang haben und an der sie nicht beteiligt sind. Die Aktionäre können nur beruhigt werden, wenn die Stiftung die zu schützenden Werte kauft. Hier stellt sich die Frage, ob die Stiftung dazu überhaupt in der Lage ist. Sollte dies der Fall sein, so fließen liquide Mittel in die Aktiengesellschaft. Vermutlich entsteht sogar ein Gewinn: Die zu übertragenden Werte dürften einen niedrigen Bilanzwert aufweisen, die Stiftung wird aber wohl den Verkehrswert abgelten müssen. Der so realisierte Gewinn wird nicht nur die Aktionäre beruhigen, sondern sogar erfreuen, da sie mit höheren Ausschüttungen rechnen können.

Im Endeffekt ist aber die Gesellschaft geschwächt. Um einen möglichen Angreifer abzuwehren, würde man Maßnahmen ergreifen, die in etwa jenen Effekt haben, den ein aggressiver Investor auch auslösen würde.

Es ist somit nicht einfach, Vermögenswerte, die einen Übernehmer reizen könnten, in Sicherheit zu bringen. Hier bedarf es einer langfristig betriebenen Strategie, die aber nur begrenzte Möglichkeiten hat. So können etwa die Stammaktionäre dafür sorgen, dass die Gewinne, die an die Stiftung fließen, vorwiegend zur Bildung von Reserven verwendet werden. Die Bedienung aller Aktionäre muss aber schon im Interesse der Marktpflege im Gleichgewicht bleiben, ganz zu schweigen von den gesetzlichen Vorschriften und den Statuten der Firmen. Forciert man die Ausschüttungen, um die Stiftung in die Lage zu versetzen, Reserven zu bilden, kommen auch die anderen Aktionäre in den Genuss hoher Dividenden, die aber die Gesellschaft schwächen.

Denkbar ist auch der Betrieb von zwei Unternehmen, wobei in einem nur das operative Geschäft erfolgt, im zweiten die Grundstücke und Beteiligungen gehalten werden. Beide wären Tochtergesellschaften einer Holding, die an der Börse notiert, an der alle Aktionäre beteiligt sind. Im Falle einer Auseinandersetzung kann die Vermögensgesellschaft verkauft und der Erlös zur Stärkung und somit zur Verteidigung der operativen Unternehmung verwendet werden. In der Praxis werden aber die Firmen in erster Linie attackiert, wenn sie schwach sind. Somit würden im Ernstfall die Probleme der operativen Gesellschaft überdeutlich zutage treten, also genau jener Effekt eintreten, den man durch die Haltung von Grundstücken und Beteiligungen vermeiden wollte.

Die Unternehmen sind gut beraten, die Instrumente zu nützen, die die Abwehr aggressiver Investoren begünstigen. Man muss aber zur Kenntnis nehmen, dass immer nur beschränkt wirksame Maßnahmen möglich sind. Diese Tatsache zeigt sich überdeutlich, wenn die Übernahme sich nicht gegen eine Firma richtet, die in Schwierigkeiten ist, sondern eine reiche und erfolgreiche Gesellschaft das Ziel der Angreifer bildet. Da wird so lange lizitiert, bis auch hartnäckige Verweigerer die in astronomische Höhen getriebenen Angebote nicht ausschlagen.

Die Tücken der Finanzierung

Ein Unternehmen, das dem rauen Wind des Kapitalismus trotzen will, muss sich die Struktur seiner Finanzierung genau überlegen und ständig überprüfen.

Die Vorteile einer Finanzierung über die Aktienbörse sind unübersehbar: Die Verzinsung des Kapitals richtet sich nach den Gewinnen und nicht, wie bei Krediten und Anleihen, nach dem Marktzinssatz. Die Aktien weisen eine laufende Bewertung auf, sodass die Einstufung des Unternehmens kein Problem aufwirft, wie etwa bei nicht an der Börse notierten Firmen. Der Handel mit einzelnen Aktien ermöglicht den Kauf und Verkauf kleiner Einheiten. Die Aufnahme von Kapital über Neuemissionen folgt eingespielten Verfahren.

Die Nachteile müssen aber zur Kenntnis genommen werden: Aktien öffnen den Zugang zu einem Unternehmen nicht nur willkommenen Anlegern, sondern auch ganz und gar nicht willkommenen Angreifern. Nun bietet aber auch die Gestaltung der Finanzierung Möglichkeiten, sich gegen unliebsame Überraschungen zu wehren.

Angenommen, eine Firma hat einen Finanzierungsbedarf von 100. Deckt sie das gesamte Erfordernis über die Börse, so brauchen die ursprünglichen Eigentümer Aktien im Gegenwert von 50 plus 1, um die Mehrheit und somit die Kontrolle über das Unternehmen zu sichern. 50 plus 1 entsprechen in der Regel einem sehr hohen Betrag, sodass die Verteidigung dieser Quote nicht einfach ist. Vor allem, wenn zusätzliches Kapital benötigt und eine Kapitalerhöhung notwendig wird, ist die Mehrheit nur schwer zu halten.

Erfolgt aber die Finanzierung eines Teils des Mittelbedarfs von 100 über Kredite, so ändern sich die Relationen. Entfallen etwa 40 der 100 auf Kredite und nur 60 auf Aktien, so sind nur mehr 30 plus 1 erforderlich, um die Position des Mehrheitseigners zu verteidigen. Je größer die Fremdfinanzierungsquote, umso leichter hat es der Mehrheitseigner.

An dieser Stelle darf der Hinweis nicht fehlen, dass sehr viele nicht an der Börse notierte Unternehmen nur einen sehr bescheidenen Eigenmittelanteil aufweisen und überwiegend mit Krediten arbeiten. Die Eigentümer fühlen sich als Alleineigentümer und nehmen die Rolle der Kredit gebenden Bank möglichst nicht zur Kenntnis, obwohl diese den Großteil der Finanzierung übernimmt.

Doch zurück zur Börse: Die aufgezeigten Relationen erlauben allerdings auch gegenteilige Schlüsse. Wenn 50 plus 1 einem hohen Kapitalbedarf entsprechen, dann gilt dies nicht nur für die Eigentümer, sondern auch für potenzielle Übernehmer, die 50 plus 1 benötigen, um die Firma kontrollieren zu können. Wenn 30 plus 1 für die derzeitigen Aktionäre leicht zu verteidigen sind, so sind 30 plus 1 auch für die Angreifer leichter aufzubringen.

Zudem kann die Kreditfinanzierung nicht beliebig gestaltet werden: Sicher ist für Banken die Vergabe von Krediten attraktiv, da sie an den Zinserträgen verdienen. Allerdings müssen sie auch das Risiko beachten und legen daher Wert auf einen entsprechenden Eigenmittelanteil. Ist dieser nicht gegeben, so stößt der Betrieb sehr rasch an die Grenzen seiner Kreditfähigkeit und kann aus diesem Grund leicht in Schwierigkeiten geraten. Es bedarf also einer klugen Abwägung, wie die erwähnten 100 und jeder künftige Kapitalbedarf gedeckt werden sollen.

Damit nicht genug: Gute Finanzmanager sind auch um Flexibilität bemüht. Diese besteht überwiegend in der Sicherung von Kreditrahmen, die jederzeit abrufbar sind.

Im Auge zu behalten ist aber auch die Möglichkeit, eigene Aktien zu kaufen. Dies kann zur Stabilisierung der Kurse notwendig sein, aber auch um zu verhindern, dass aggressive Investoren zu große Anteile erobern.

Die ungleichen Brüder: Kredit und Kapital

Wie immer, wenn es darum geht, den Kapitalismus in die Schranken zu weisen, sind die einzelnen Marktteilnehmer in erster Linie gefordert, aber sehr wohl auch die Gesetzgeber.

In den meisten Ländern bilden die Zinsen für Kredite und Anleihen einen Betriebsaufwand, der das steuerpflichtige Einkommen und somit die Steuer verringert. Umgekehrt wird die Verzinsung des Eigenkapitals als Gewinn gewertet, sodass die Dividenden an Aktionäre und die Ausschüttungen an Gesellschafter aus dem versteuerten Einkommen zu bezahlen sind. Dieser Grundsatz löst eine Diskriminierung des Beteiligungskapitals und eine Begünstigung des Fremdkapitals aus, die in der Kostenrechnung eines Unternehmens eine entscheidende Rolle spielen. Die Höhe der Steuer und der Zinsen bestimmen naturgemäß das Ausmaß der Diskriminierung, doch ist die Problematik in jedem Fall gegeben.

Bei einem Körperschaftsteuersatz von 50 Prozent und der Verzinsung von Kapital mit 7 Prozent ergibt sich folgende Gegenüberstellung: Um 100 Euro Beteiligungskapital mit 7 Euro verzinsen zu können, müssen vorab 14 Euro erwirtschaftet werden. Diese werden der Steuer von 50 Prozent unterworfen und anschließend erfolgt die Ausschüttung der 7 Euro. Werden 100 Euro Fremdkapital mit 7 Euro bedient, so verringern diese 7 Euro das steuerpflichtige Einkommen und dies bedeutet bei einem Steuersatz von 50 Prozent, dass die Nettobelastung nur 3,5 Prozent beträgt. Die gleiche Summe, die gleiche Verzinsung für die Kapitalgeber, in dem einen Fall eine Belastung von 14, in dem anderen von 3,5, somit das Vierfache.

Bei einem Körperschaftsteuersatz von 30 Prozent und einer Verzinsung von 5 Prozent ergeben sich naturgemäß andere Werte. Um eine Verzinsung von 5 Prozent bei 100 Euro Kapital zu ermöglichen, müssen bei Beteiligungskapital 7,1 Euro erwirtschaftet und 30 Prozent Steuer abgeführt werden, damit anschließend 5 ausbezahlt werden können. Werden 5 Prozent für die Verzinsung von Fremdkapital geleistet, so wirkt der Abzug vom steuerpflichtigen Einkommen als Ersparnis im Ausmaß von 30 Prozent, somit von 1,5 Euro, und die Nettobelastung beläuft sich auf 3,5 Euro. Die Gegenüberstellung ergibt bei gleicher Bedienung des Kapitalgebers, dass die Kosten der Verzinsung des Beteiligungskapitals mit 7,1 doppelt so hoch ausfallen wie die 3,5, die für das Fremdkapital erforderlich sind.

An diesen Grundtatsachen kommt ein Finanzmanager nicht vorbei. Aus dieser Klemme kann er sich nur über die Ausgabe von Aktien zu einem hohen Kurs befreien. In der Folge wird der Nominalwert mit den geschilderten Sätzen bedient, die aber in Relation zu dem tatsächlich aus der Emission erlösten Betrag eine niedrigere Verzinsung ergeben, wodurch der Unterschied zu den Nettokreditkosten kleiner wird. Tatsächlich sind Aktionäre im langfristigen Vergleich mit geringeren Renditen zufrieden, weil sie über die Kursgewinne zusätzliche Erträge lukrieren, die bei Fremdkapital nicht zustande kommen können.

Dieses Phänomen löst aber die Problematik der ungleichen Behandlung von Krediten und Beteiligungskapital nicht. So darf ein Unternehmen die Aktionäre nie überfordern, da konsequent niedrige Ausschüttungen auch geduldige Anleger vertreiben. Zudem wirken die Begünstigung des Kredits und die Diskriminierung des Beteiligungskapitals generell. Steht eine Aktienemission zu hohen Kursen nicht zur Debatte, weil das betreffende Unternehmen nicht an der Börse ist, so wirken nur die geschilderten Relationen, die naturgemäß zur Forcierung der Kreditfinanzierung führen. Das Ergebnis ist eine ungesunde Bilanzstruktur mit einem ungenügenden Eigenmittelanteil, der sich in schwierigen Phasen als Gefahr erweist. Die einmal entstandenen Schwächen in der Finanzierung eines Unternehmens sind in der Folge nur sehr schwer zu korrigieren.

Firmen im Aufbau spüren die geschilderten Probleme besonders stark und betonen daher die Kreditfinanzierung. Stellt sich der Erfolg ein und empfiehlt sich die Hereinnahme einer Beteiligung oder der Gang an die Börse, so erweisen sich Finanzierungsmängel als Hemmschuhe.

Die Steuerpolitik könnte mit einer Gleichstellung der Verzinsung von Fremd- und Eigenkapital helfen. Ist dies gegeben, so würden bei der Wahl zwischen dem Einsatz der beiden Finanzierungsformen die betriebswirtschaftlichen Kriterien dominieren. Wie bei allen Strukturänderungen, die im Abgabenbereich erforderlich sind, um die Schwächen des Kapitalismus bekämpfen zu können, muss auf die Gefahren verwiesen werden.

Aus der Sicht der Unternehmen wäre die Abzugsfähigkeit der Verzinsung beider Finanzierungsinstrumente nahe liegend. Bei der Abzugsfähigkeit der Ausschüttungen würde sich eine Obergrenze empfehlen, die den im Kredit- und Anleihemarkt jeweils üblichen Zinssätzen entsprechen müsste. Nur in diesem Bereich geht es um die Wahl der Finanzierungsform. Darüber hinausgehende Ausschüttungen könnten wohl nur als steuerpflichtiger Gewinn betrachtet werden. Wagt sich die Steuerpolitik an dieses Thema, das ist selten genug der Fall, so neigen Finanzminister und die sie beratenden Beamten zu einer anderen Variante: Die Gleichstellung könne man doch sehr einfach herstellen, indem die Zinsen für Kredite und Anleihen auch nicht als Aufwand anerkannt werden, sondern aus dem versteuerten Gewinn zu bezahlen sind. Womit zwar eine Gleichstellung der beiden Finanzierungsformen, aber auch eine kräftige Steuererhöhung zustande käme.

Die Kraft, die das Böse will und das Gute schafft?

Unwillkürlich wird man an Goethes Faust erinnert. Mephisto bezeichnet sich selbst als die Kraft, die stets das Böse will und doch das Gute schafft. Kommt den Heuschrecken nicht eine ähnliche Funktion zu? Die Übertreibung der Gewinnmaximierung sollte eine Gegenreaktion auslösen, die einer differenzierten Definition des Gewinns zum Durchbruch verhilft, die Ablehnung des Staates zwingt die Politik, den Staat neu zu definieren, die rücksichtslose Vorgangsweise bei Firmenübernahmen fordert das Finanzmanagement zu Höchstleistungen heraus. Ist etwa auch auf dem Arbeitsmarkt die empörende Praxis, tausende Menschen über Nacht auf die Straße zu setzen, nicht nur zu verurteilen? Werden auch hier neue Wege erzwungen, die in eine menschliche, aber gleichzeitig ökonomisch tragfähige Zukunft weisen?

Die Arbeitslosigkeit sorgt für Missverständnisse

Eine sachliche und distanzierte Analyse des Themas Arbeitslosigkeit ist kaum möglich. Zu stark wirken die erschütternden Zustände der Zeit zwischen 1918 und 1938 nach, die zahllosen Menschen eine Periode entsetzlicher Not aufgezwungen haben. Für die Auseinandersetzung mit dem Kapitalismus und darüber hinaus mit Wirtschaft und Wirtschaftspolitik im Allgemeinen ist aber eine gründliche Befassung mit der Funktionsweise des Arbeitsmarkts und somit der Arbeitslosigkeit unverzichtbar.

Vorweg sei allerdings ein Bekenntnis abgelegt: Das Ziel der Arbeitsmarktpolitik und mehr noch der gesamten Wirtschaftspolitik ist Vollbeschäftigung. Der Sinn des Wirtschaftens besteht, darüber sollte allgemeine Übereinstimmung herrschen, in der Schaffung von Wohlstand für alle Menschen. Zu diskutieren sind die Wege zu den Zielen Vollbeschäftigung und Wohlstand. Auch die Definition der Begriffe Vollbeschäftigung und Wohlstand ist nicht eindeutig. Nur: Die Ziele dürfen nicht aus den Augen verloren werden.

Ein entscheidender Grund für den Kampf gegen den Kapitalismus ist die empörende Gleichgültigkeit der Kapitalisten gegenüber den Arbeitslosen. Diese Haltung ist nicht nur erschütternd unmenschlich, sondern auch ökonomisch falsch, weil Arbeitslose als Konsumenten ausfallen.

In der ökonomischen Theorie findet sich die These, dass Arbeitslose notwendig seien, um bereitzustehen, wenn die Unternehmen Arbeitskräfte brauchen. Eine These, die manche Kapitalisten sicher auch heute begrüßen. Schon Karl Marx empörte sich über die Praktiken der Kapitalisten, die sich eine „industrielle Reservearmee" halten, die sie nach Belieben abrufen und einsetzen könnten. Marx begann die Richtung der Wirtschaftspolitik, die sich um die Sicherung der Arbeitsplätze bemüht.

Die österreichischen Ökonomen Friedrich August von Hayek und Ludwig von Mises (1881–1973) sind die Symbolträger der liberalen Wirtschaftskonzeption. Sie sehen grundsätzlich in der Arbeitslosigkeit einen integrierenden Bestandteil des Wirtschaftens und somit ein Phänomen, das zur Kenntnis genommen werden muss.

Die Betonung des Arbeits-„marktes"

Zur Charakterisierung des liberalen Wegs sei an dieser Stelle auf eine Argumentation verwiesen: Für die liberale Wirtschaftstheorie ist der Begriff Markt im Wort Arbeitsmarkt inhaltsschwer. Arbeitslosigkeit würde vor allem dann entstehen, wenn die Arbeitnehmer für ihre Arbeit Preise verlangen, die auf dem Markt nicht zu realisieren sind; anders ausgedrückt, wenn die geforderten Löhne die von den Unternehmen angebotenen oder verkraftbaren oder erwirtschafteten Löhne übersteigen. Stimmt auf dem Arbeitsmarkt wie auf jedem anderen Markt der Preis, dann ergibt sich auch das Gleichgewicht von Angebot und Nachfrage.

Angesichts der beiden Richtungen in der Wirtschaftspolitik der vergangenen hundert Jahre sorgte die Entscheidung des Nobelpreiskomitees für die Preise des Jahres 1974 für Verwunderung. Der Preis wurde zwischen Hayek und dem Sozialdemokraten Gunnar Myrdal (1898–1987) geteilt, der entscheidend für den Aufbau des schwedischen Wohlfahrtsstaates und somit eines sozialdemokratischen Idealmodells verantwortlich war. Also einer Wirtschaftsform, die Hayek sein Leben lang verurteilt und bekämpft hat. Hayek bezeichnete die Entscheidung des Nobel-Komitees verständlicherweise als „schlechten Witz".

Die notwendige Arbeitslosigkeit

Der Titel „die notwendige Arbeitslosigkeit“ liefert eine – man ist versucht zu sagen – prächtige Gelegenheit für Missverständnisse. Wenn hier von „notwendiger Arbeitslosigkeit“ die Rede ist, so ist nicht die Auseinandersetzung zwischen Hayek und Mises gegen Keynes und Myrdal gemeint, nicht die Diskussion über notwendige und vermeidbare Arbeitslosigkeit angesprochen, nicht oder zumindest vorerst nicht auf die Auseinandersetzung zwischen Unternehmern und Gewerkschaftern eingegangen. Es geht vielmehr um eine Strukturfrage.

Ein wesentliches Merkmal jeder wirtschaftlichen Aktivität ist die Tendenz zur Rationalisierung. Beim Start eines Projekts, einer Investition, einer Unternehmung ist nur das Ziel bekannt und das vielleicht nur vage. Die Erreichung des Ziels wird mit den vorhandenen Kenntnissen und Instrumenten angestrebt, wobei unweigerlich Fehler gemacht werden. Durch die Korrektur der Fehler werden die Hindernisse auf dem Weg zum Ziel überwunden. Letztlich ergibt sich eine Methode, die die gewünschten Ergebnisse zeitigt. Diese Methode enthält aber unweigerlich Elemente, die sich aus den Fehlern und ihren Korrekturen ergeben. Ist einmal der vollständige Weg vom Start bis zum effektiv erreichten Ziel bekannt, zeigen sich die vielen Umwege, die vermeidbar gewesen wären. Und diese Umwege bilden bereits ein beträchtliches Rationalisierungspotenzial, das sicher nicht sofort nach Erreichung der angestrebten Resultate ausgeschöpft wird. In diesem Moment und in der anschließenden Periode wird der Erfolg gefeiert und genützt. Zu einem späteren Zeitpunkt erweist sich aber eine Optimierung der Abläufe empfehlenswert. Auch werden zumeist Techniken entwickelt, die die Verbesserung der Prozesse wesentlich erleichtern.

Das geschilderte Phänomen charakterisiert nicht nur jede wirtschaftliche Aktivität, es kann auch getrost als Merkmal beinahe jeder menschlichen Tätigkeit bezeichnet werden. Die ökonomische Konsequenz dieser Tatsache heißt allerdings Arbeitslosigkeit: Die Vereinfachung der Prozesse bedeutet, dass die jeweils gewünschten Resultate mit weniger Personal zu erreichen sind als in der Startphase. Es macht auch wenig Sinn, die sich anbietenden Rationalisierungen nicht zu nützen. Sie sorgen für einen höheren Gewinn des Unternehmens, sichern somit die Existenz des Betriebs sowie der verbleibenden Arbeitsplätze ab und ermöglichen auch die Zahlung höherer Löhne. Damit nicht genug. Die Mitbewerber schlafen nicht: Nützt die Konkurrenz die sich anbietenden Vereinfachungen und somit Verbilligungen, so ist der Betrieb, der an überholten Methoden festhält, dem Untergang geweiht.

In diesem Sinne ist also Arbeitslosigkeit notwendig, nicht zuletzt zur Sicherung der verbleibenden Arbeitsplätze, die ohne Rationalisierung auch verloren wären. Wenn also die viel zitierten Heuschrecken Rationalisierungen erzwingen, so können sie auch als Kraft betrachtet werden, die das Böse – die hemmungslose Gier nach immer höheren Gewinnen – will, und doch das Gute – die Wettbewerbsfähigkeit der Unternehmen – schafft. Nur darf die Überlegung nicht an dieser Stelle Halt machen und mit Hayek und Mises zu dem Schluss führen, die frei gesetzten Arbeitskräfte mögen sehen, wo sie bleiben. Aber auch nicht mit Marx, Keynes und Myrdal den Staat in die Pflicht nehmen. Die beiden großen Linien der Wirtschaftstheorie und die einander so klar widersprechenden politischen Richtungen liefern beide keine befriedigenden Antworten.

Die Lehren aus der Landwirtschaft

Vorweg sei aber zur Illustration der notwendigen Arbeitslosigkeit auf einige markante Beispiele verwiesen.
Noch in den dreißiger Jahren des zwanzigsten Jahrhunderts war in Westeuropa etwa ein Drittel der Bevölkerung in der Landwirtschaft beschäftigt, fünfzig Jahre später waren es nicht einmal fünf

Prozent. Die vermeintlich logische Folge dieser Entwicklung hätte wohl bedeutet, dass in den achtziger Jahren mehr als ein Viertel der Bevölkerung arbeitslos gewesen wäre. Die Tatsachen sahen anders aus: Die Bevölkerung war gewachsen, der Anteil der Berufstätigen war trotzdem weit höher als in den dreißiger Jahren, das durchschnittliche Pro-Kopf-Einkommen spektakulär größer, die Produktion der Landwirtschaft höher, qualitativ besser und variantenreicher als früher, und die Arbeitslosigkeit bewegte sich bei 10 Prozent, nachdem in den sechziger und siebziger Jahren sogar schon Vollbeschäftigung geherrscht hatte.

Ohne die dramatische Rationalisierung der Landwirtschaft und die Freisetzung der in diesem Bereich tätigen Personen wären der anschließende Aufschwung der Wirtschaft und die Steigerung der persönlichen Einkommen, kurzum die Mehrung des Reichtums, nicht möglich gewesen. Würden heute noch dreißig Prozent der Bevölkerung in der Landwirtschaft tätig sein, gäbe es den aktuellen Wohlstand nicht. Die Arbeitslosigkeit war notwendig.

Ein anderes Beispiel aus der jüngeren Vergangenheit: Die Medienbranche gehört heute zu den bedeutendsten Wirtschaftszweigen mit vielfältigen Erscheinungsformen und zahllosen Arbeitskräften weltweit. Allerdings war auch der Weg zu dieser Position von Änderungen der Arbeitswelt gekennzeichnet und man kann davon ausgehen, dass weitere gravierende Einschnitte auch die Zukunft bestimmen werden.

Besonders eindrucksvoll waren etwa die Änderungen in der Zeitungsproduktion. Bis in die achtziger Jahre des zwanzigsten Jahrhunderts entsprach der Weg eines Artikels von der Verfassung durch den Autor bis zum Erscheinen in der Zeitung einem Hindernislauf. Der Autor hämmerte die Buchstaben in eine Schreibmaschine, das Papier musste zum Setzer gebracht werden, dieser setzte den Text, anschließend nahm die Fahne den Weg zurück zum Autor, der seine Korrekturen anbrachte, der Artikel wanderte zurück zum Setzer, der die Korrekturen durchführte. Anschließend wurde der Artikel „umbrochen“, also in die gewünschte Form in der Zeitung gebracht, danach entstand erst die Druckvorlage. Heute: Der Autor setzt den Computer in Gang und schreibt den Artikel in die bereits auf seinem Schirm abrufbare Vorlage. Diese Vorlage ist gleichzeitig auch ein Bestandteil der auf einem anderen Computer produzierten Zeitungsseite, die unter anderem auch die Druckvorlage bildet, die auf einem weiteren Computer den Druck in Gang setzen wird.

Die Arbeitskräfte, die früher den geschilderten Hindernislauf absolvierten, gibt es nicht mehr. Die sich daraus ergebenden Einsparungen haben aber die Ertragskraft der Medienhäuser gestärkt und vor allem die Entwicklung neuer Produkte ermöglicht und somit den Weg frei gemacht für einen eindrucksvollen Aufschwung der Branche. Die am Beispiel der Landwirtschaft demonstrierte Entwicklung der gesamten Volkswirtschaft lässt sich hier an einem Detail zeigen, das stellvertretend für zahllose Entwicklungen in allen Sparten gewählt sei.

Der gefährliche Kündigungsschutz

Die Einsicht, dass Arbeitslosigkeit ein notwendiges Phänomen ist, führt zur Frage nach dem Umgang mit Arbeitslosigkeit.

Das liberale Rezept, jeder möge schauen, wie er mit seiner Situation zurechtkommt, hat sich in der Zwischenkriegszeit als Weg in die Katastrophe erwiesen. Das Heer der verzweifelten Arbeitslosen folgte bereitwillig den politischen Hasardeuren. Ohne die Massenarbeitslosigkeit dieser Phase hätten sich Faschismus, Kommunismus und Nationalsozialismus nicht oder jedenfalls nur mit größeren Schwierigkeiten durchsetzen können, wären viele Gräuel des zwanzigsten Jahrhunderts unterblieben. Wenn sich seit der Mitte der neunziger Jahre wieder Anhänger der Thesen von Hayek und Mises laut zu Wort melden, so ist dies auf die fehlende Kenntnis der historischen Entwicklung zurückzuführen, die sich verstärkt breit macht.

Leider stellt auch das Gegenmittel ein fatales Rezept dar. Der Kündigungsschutz ist nur ein anderer Weg in die Massenarbeitslosigkeit. Das Paradoxon bedarf einer Erläuterung, vermittelt doch der Begriff Kündigungsschutz den Eindruck, dass Kündigungen unmöglich seien und somit ein perfekter Schutz gegen Arbeitslosigkeit gegeben sei. Dieser Trugschluss hat zur Schaffung umfassender Systeme geführt. In Deutschland wurde der Begriff so weit gefasst, dass Arbeitnehmer in Betrieben mit mehr als fünf Beschäftigten beinahe so abgesichert wurden wie Beamte im Staatsdienst. Erst 2004 erfolgte eine Änderung der Grenze bei Neueinstellungen, sodass der Schutz erst ab einer Belegschaft von zehn Mitarbeitern gilt. Damit wurden die deutschen Regeln an die französischen angepasst, die schon länger einen extremen Kündigungsschutz ab zehn Mitarbeitern vorsehen.

Kündigungen können in diesen Systemen nur mit behördlicher Genehmigung vorgenommen werden und diese wird nur nach einem umständlichen Verfahren gewährt, in dem die Freisetzungen genau begründet werden müssen. Gelingt es, die Behörde zu überzeugen, so besteht die Möglichkeit, dass diese zwar die Kündigungen erlaubt, aber bestimmt, wie viele und welche Mitarbeiter gekündigt werden dürfen. Das Grundprinzip ist auf die Verhinderung von Kündigungen abgestellt. Ähnliche Regelungen gibt es auch in anderen Ländern, doch sei hier die Tatsache hervorgehoben, dass die zwei zentralen Volkswirtschaften der Europäischen Union diesen Bestimmungen unterliegen.

Die Folgen sind näher zu erläutern. Bis 2004 zögerte ein deutscher Betrieb, seine Belegschaft auf mehr als fünf Mitarbeiter zu erweitern, seit 2004 tritt diese Reaktion ab dem zehnten Arbeitnehmer ein. Er muss die Gefahr berücksichtigen, in einer schwierigen Phase die Belegschaft nicht oder zumindest nicht rasch und nicht in dem erforderlichen Umfang anpassen zu können. Konsequenterweise konzentriert sich das Interesse der kleinen Firmen auf ein überschaubares und kontinuierliches Geschäft.

In einer mittelständischen deutschen Tischlerei, die zum Beispiel den einmaligen Auftrag angeboten bekommt, etwa die örtliche Raiffeisenkasse zu renovieren, bricht nicht helle Freude über die Jahrhundertchance aus, in neue Dimensionen aufzubrechen. Die Reaktion lautet etwa: „Fein, aber was machen wir in zwei Jahren mit den Arbeitern?“ Und die Schlussfolgerung lautet nicht selten: „Nein, danke, das ist uns zu riskant.“ Der Kündigungsschutz erweist sich als Wachstums- und Motivationsbremse. Die arbeitslosen Tischlereiarbeiter der Region bleiben arbeitslos, ein Konzern wird den Auftrag schon übernehmen und seine mobilen Trupps mitbringen. Vielleicht wird auch die Raiffeisenkasse die Renovierung verschieben.

Die Vernichtung der Arbeitsplätze

Damit nicht genug. Ein Betrieb, der vielleicht hundertzwanzig Mitarbeiter beschäftigt, erleidet einen Umsatzeinbruch und müsste seinen Personalstand auf achtzig Personen reduzieren, die er für die Bewältigung des verringerten Geschäftsvolumens benötigt. Der Kündigungsschutz verhindert die entsprechende Anpassung, die Beibehaltung der hundertzwanzig überfordert die Firma, die in der Folge schließen muss. Vierzig Arbeitsplätze wären gefährdet, der Kündigungsschutz erzwingt den Untergang von hundertzwanzig Stellen. Hier endet der Kündigungsschutz: Ein Unternehmen, das nicht mehr existiert, kann auch nicht mehr in die Pflicht genommen werden. Hier endet auch der Vergleich mit der Unkündbarkeit der Beamten.

Die Problematik hat noch weitere Facetten. Eine Firma kommt unter Druck, weil sie in einem Bereich arbeitet, der von günstigen Angeboten aus Niedriglohnländern bestimmt wird. Die kluge Reaktion ist die Auslagerung bestimmter Arbeiten in ein Niedriglohnland und die Beibehaltung der hochwertigen Leistungen im Stammbetrieb, der zudem auch den eingespielten Kontakt zu den Kunden hat. Eine derartige Neustrukturierung ist ein schwieriger Prozess, der das Management und die Belegschaft mit enormen Herausforderungen konfrontiert. Die Berücksichtigung behördlicher Eingriffe erweist sich als unerträgliche Behinderung und fördert die Entscheidung, das europäische Werk zur Gänze zu schließen und eine neue Anlage in einem Billiglohnland zu errichten. Der ursprüngliche Firmensitz geht mit oder verbleibt als kleine Verwaltungseinheit. Der Kündigungsschutz vernichtet auch in diesem Fall Arbeitsplätze.

International tätige Konzerne, die ihre zahllosen Abteilungen als selbstständige Unternehmen führen, können viel leichter reagieren als kleine oder mittelständische Betriebe. Sie schließen eine Gesellschaft in einem Land mit störendem Kündigungsschutz und errichten anderswo eine neue Firma mit der gleichen Aufgabe. Und wieder vernichtet der Kündigungsschutz Arbeitsplätze.

Die hartnäckig hohe Arbeitslosigkeit in Deutschland und Frankreich ist entscheidend auf den Kündigungsschutz zurückzuführen. Da Millionen Menschen betroffen sind, muss von einer Massenarbeitslosigkeit gesprochen werden. Somit haben das Laisser-faire der Liberalen und der totale Kündigungsschutz der Sozialpolitiker den gleichen Effekt. Die Not der Betroffenen ist nur deshalb heute nicht mehr so groß wie in der Zwischenkriegszeit, weil die Arbeitslosenfürsorge besser funktioniert und höher dotiert ist. Dieser Umstand trübt den Blick auf die Tatsache der bestehenden Massenarbeitslosigkeit. Die negativen Auswirkungen der übertriebenen, sozialen Absicherung lassen das Pendel in die Gegenrichtung ausschlagen und im Laisser-faire der Liberalen das Heil suchen. Gestützt wird dieser Bewegung durch den eindrucksvollen Erfolg der USA, die mit dem Prinzip des hire and fire in den achtziger und neunziger Jahren des zwanzigsten Jahrhunderts die Arbeitslosigkeit beinahe beseitigt haben. In dieser Periode hat, im Gegensatz zur Zwischenkriegszeit 1918–1938, das liberale Modell funktioniert.

Die US-amerikanische Erfolgsstory

In der Mitte der achtziger Jahre des zwanzigsten Jahrhunderts gerieten die USA in eine schwere Krise. Die japanische Industrie hatte sich zu einem potenten Anbieter auf allen entscheidenden Gebieten entwickelt und dies bei einem extrem günstigen Kostenniveau. Neue Arbeitstechniken zeigten spektakuläre Erfolge. Die USA waren zu diesem Zeitpunkt eine erfolgreiche, aber satte und selbstgefällige Industrienation. Zudem ließ die Finanz- und Währungspolitik die Muskeln spielen, sodass der Dollar einen ungeahnten Höhenflug antrat, der schon für sich eine Einladung an alle Anbieter darstellte, den US-Markt zu erobern. Die japanische Industrie nützte die willkommene Gelegenheit: Der Doppeleffekt der eigenen, günstigen Kostenstruktur und des hohen Dollarkurses machte sie geradezu unschlagbar, in der US-Industrie entstand eine Art Kahlschlag und die zahlreichen Firmenzusammenbrüche ließen naturgemäß die Arbeitslosigkeit sprunghaft ansteigen.

Die Spitzen der US-Wirtschaft hatten sich Jahrzehnte daran gewöhnt, in der Industrie den Ton anzugeben, sodass sie vorerst wie betäubt auf die japanische Attacke reagierten. Doch sehr rasch änderte sich das Verhalten und man ging daran, die Wirtschaft von Grund auf zu erneuern. Innerhalb von nur sechs Jahren wurde eine umfassende Reform geschafft, die in der Folge ein lang anhaltendes, starkes Wachstum ermöglichte. Verändert wurden die Kostenstrukturen, sodass manche Werte sogar die japanischen Ergebnisse in den Schatten stellten. Verändert wurden die Unternehmensstrukturen. Verändert wurde das Angebot.

In diesen sechs Jahren hatten allerdings die Arbeitnehmer herbe Einbußen hinzunehmen. Nicht nur die schon erwähnte Arbeitslosigkeit wirkte sich aus. Auch jene, die eine Stelle hatten, mussten sich bescheiden. Erst in den neunziger Jahren, als der Aufschwung sich festigte, stiegen die Durchschnittseinkommen wieder deutlich an.

Es war eine Art Stahlbad, dem sich die US-Wirtschaft unterzog. Rückblickend erwies sich der Weg als richtig, weil in nur sechs Jahren die Erneuerung erreicht wurde. Besonders zu betonen ist, dass die US-Wirtschaft die Herausforderung eines Billiganbieters angenommen und bestanden hat. Somit ist die Geschichte der US-Wirtschaft in den Jahren 1985 bis 1991 in zweifacher Weise bemerkenswert, als Beispiel für den Umgang mit einer Krise und als Beispiel für die Positionierung einer hoch entwickelten Wirtschaft, die gegen Mitbewerber antreten muss, die mit extrem günstigen Kosten punkten.

Allerdings darf in diesem Zusammenhang die philosophisch-politische Grundlage nicht übersehen werden: In den USA sind der Liberalismus und das Laisser-faire stark verankert. Dass eine Krise mit allen Konsequenzen zu akzeptieren und mit aller Kraft zu bewältigen ist, wird als Selbstverständlichkeit gelebt. Dass jeder Einzelne gefordert ist, wird nicht diskutiert.

Der Unterschied zwischen den USA und Europa war bereits zu unterstreichen, wobei präziser Kontinental- oder Mitteleuropa anzusprechen ist: Auf der einen Seite die Grundüberzeugung, dass jeder alleine zurechtkommen muss, auf der anderen die Erwartung, dass die Gemeinschaft hilft. Will man aus der US-amerikanischen Erfolgsstory Lehren für Europa ziehen, so sind diese fundamentalen Elemente zu berücksichtigen.

Der europäische Weg

Die Europäer betonen gerne die Vorteile ihres Weges, der menschlicher, rücksichtsvoller sei als die in den USA herrschende Kälte und Härte. Gemeint sind dabei die zahlreichen, sozialen Absicherungen, die eine Art Netz bilden, das jeden, der in Not gerät, auffängt. In der Praxis muss man aber zur Kenntnis nehmen, dass die USA nach einer sechsjährigen Krisenperiode die Wirtschaft saniert haben und in der Folge die Arbeitslosigkeit auf fünf Prozent der Aktivbevölkerung gesunken ist. In Europa herrscht eine hartnäckige Arbeitslosigkeit, die bereits über zwei Jahrzehnte einer Quote von etwa zehn Prozent entspricht.

Angesichts dieser Daten ist die These vom menschlichen Europa und dem unmenschlichen Amerika schwer zu verteidigen. Da nützen auch die Entlastungsargumente nichts, die auf die Problematik von Statistiken verweisen. Wendet man den Blick von den Arbeitsmarktdaten zur volkswirtschaftlichen Gesamtrechnung, so wird eine Bestätigung der unterschiedlichen Entwicklung deutlich: Die US-Wirtschaft wuchs in den neunziger Jahren stets zwischen 3 und 5 Prozent im Jahr, während Westeuropa keine oder sehr geringe Zuwachsraten erzielte.

Sechs Jahre Krise oder jahrzehntelanges Dahinschleppen der Probleme – was ist menschlicher? Die Frage beantwortet sich von selbst. Nur ist das US-System nicht auf Europa übertragbar, da eine plötzliche Abkehr von den gewohnten Absicherungsnetzen die Bevölkerung empören und somit nur Schaden anrichten würde. Angesichts der Probleme fallen immer wieder entsprechende Äußerungen, werden auch Maßnahmen in die Richtung eines Wechsels zum Liberalismus gesetzt, die aber vor allem Widerstand auslösen und in ihrer Halbherzigkeit nichts bringen.

Erforderlich ist ein europäischer Weg, der die Mitte zwischen dem hire and fire der Amerikaner und dem Kündigungsschutz der Deutschen hält. Die Instrumente existieren bereits und würden sich auch segensreich auswirken, wenn nicht die Sozialpolitik im zwanzigsten Jahrhundert den Versuch einer Vollversorgung aller unternommen hätte.

Fallen muss in erster Linie der Kündigungsschutz, der die geschilderten negativen Folgen hat. An diesem Einschnitt kommt Europa nicht vorbei. Geschieht dies nicht, so verhindert die Versteinerung des Arbeitsmarktes auf Dauer die Wettbewerbsfähigkeit des alten Kontinents. Diese Notwendigkeit wurde auch von der sozialdemokratischen deutschen Regierung unter Bundeskanzler Gerhard Schröder (1998–2005) erkannt und formuliert. Der Protest der Gewerkschaften verhinderte aber die Umsetzung.

In der Folge versuchte man mit einem Paket von Ersatzmaßnahmen das Problem zu lösen. Diese sind untrennbar mit dem Namen ihres Entwicklers, des früheren Personalchefs von VW, Peter Hartz, verbunden. Da aber der Kündigungsschutz nicht angetastet werden durfte, kam nur Stückwerk zustande, das zum Misserfolg verurteilt war. Aber auch diese lahme Initiative rief Empörung hervor: „Gegen die große Koalition der Sozialräuber!" lautete eine Parole, die von einer Gruppierung ausgegeben wurde, die sich als „Anti-Hartz-Bündnis für die Erhaltung und den Ausbau unserer sozialen Errungenschaften" bezeichnete.

Notwendig ist in erster Linie eine breit angelegte Aufklärungskampagne, die die katastrophalen Folgen deutlich macht, die der Kündigungsschutz bereits ausgelöst hat. Eine derartige Öffentlichkeitsarbeit findet aber nicht statt. Nicht zuletzt, weil selbst jene, die bereits eingesehen haben, dass hier eine vermeintliche Wohltat zur allgemeinen Plage degeneriert, doch die vielen Arbeitnehmer im Auge haben, die diese Wohltat noch genießen.

Die Rezepte sind bekannt

Die Beseitigung des Kündigungsschutzes wäre mit einem Paket von Maßnahmen zu koppeln, das der Bevölkerung überzeugend eine Absicherung bietet, die als angemessen erlebt wird, aber wirtschaftlich vertretbar ist.

In diesem Zusammenhang sei an die Institution der Kündigungsfrist erinnert, die ein hire and fire wirksam verhindert und den Betroffenen die Möglichkeit eröffnet, ohne momentanen Druck einen anderen Arbeitsplatz zu suchen. Umgekehrt wissen die Unternehmen, dass sie sich im Bedarfsfall von Mitarbeitern trennen können. Allein die Kündigungsfrist weist bereits einen Weg, den man als europäisch im Gegensatz zu amerikanisch verstehen kann. Auch die Zahlung einer einmaligen Abfindung, einer so genannten lump sum oder Abfertigung, empfiehlt sich, um zusätzlich den Übergang in ein neues Arbeitsverhältnis zu erleichtern.

Abzulehnen ist das Prinzip des „entweder hire and fire oder Kündigungsschutz“. Zu entwickeln sind Alternativen, die dem europäischen Kulturverständnis entsprechen, aber dennoch ein marktgerechtes Verhalten ermöglichen. An dieser Stelle ist anzumerken, dass die in Deutschland und auch in Frankreich gegebenen Extremsituationen nicht überall in Europa gelten.

So kennt Österreich keinen umfassenden Kündigungsschutz und genießt daher den Vorteil eines flexibleren Arbeitsmarkts, der sich wohltuend auf die wirtschaftlichen Gesamtergebnisse auswirkt. In den Bereichen, in denen auch Österreich einen Kündigungsschutz installiert hat, machen sich die unvermeidlichen negativen Folgen bemerkbar. So haben Invalide einen umfassenden Schutz, mit dem Effekt, dass Invalide kaum beschäftigt werden und die Interessenvertretungen dieser Gruppe sogar für eine Lockerung der bestehenden Regelungen eintreten. Ähnlich ist die Lage der älteren Arbeitnehmer, die ebenfalls nur in Ausnahmefällen gekündigt werden können. Verlieren Angehörige dieser Gruppe durch den Untergang ihres Arbeitgebers dennoch ihren Arbeitsplatz, so haben sie auf dem Arbeitsmarkt kaum eine Chance auf eine neue Anstellung.

Der Kampf gegen den Kapitalismus erfordert auch in diesem Zusammenhang mehr Kapitalismus, aber Kapitalismus mit Augenmaß und unter Berücksichtigung der sozialen Aspekte. Nicht zum Erfolg führt ein Kampf gegen den Kapitalismus, der versucht, die Gesetze des Marktes auszuschalten. Dieser Weg ist zum Scheitern verurteilt, wie der Kündigungsschutz und seine Auswirkungen zeigen.

Der Traum vom arbeitslosen Einkommen

Die entsprechende Ergänzung zu Kündigungsfristen und Abfertigungen stellen das Arbeitslosengeld und bei länger andauernder Arbeitslosigkeit die Notstandshilfe dar. Diese wertvollen Einrichtungen erweisen sich aber immer wieder als Störfaktoren, die den Arbeitsmarkt nicht absichern, sondern vielmehr belasten. Werden das Arbeitslosengeld und die Notstandshilfe großzügig bemessen, sehen viele Betroffene keine Notwendigkeit, sich um einen Arbeitsplatz zu bemühen. Da zudem in vielen handwerklichen Berufen die Möglichkeit der Schwarzarbeit besteht, kann sich aus der Kombination der öffentlichen Zuschüsse und der im Pfusch erzielten Summen ein erkleckliches Einkommen ergeben.

Damit wird aber eine entscheidende Voraussetzung für das Funktionieren der Wirtschaft außer Kraft gesetzt: Die Abstimmung der Arbeitnehmer mit den Füßen kommt nicht zustande. Diese Abstimmung bedeutet, dass sich jeder auf die Suche nach dem für ihn attraktivsten Posten macht. Die Bedeutung dieses Faktors wird wenig beachtet, da stets die Rolle der Unternehmer im Vordergrund steht, wenn es um Innovationen geht. Die beste Innovation bleibt aber wirkungslos, wenn die Arbeitnehmer nicht den Weg zu den dynamischen Betrieben finden. Dies tun sie nicht, wenn der Kündigungsschutz sie einlädt, ihre bestehenden Arbeitsplätze nicht zu verlassen; dies tun sie nicht, wenn die Arbeitslosenfürsorge das Interesse an neuen Herausforderungen mit übertriebenen Zuwendungen erstickt.

Hier das richtige Maß zu finden ist sicher nicht leicht. Die Beseitigung des Kündigungsschutzes und die damit verbundene Liberalisierung des Arbeitsmarkts werden in Europa nur akzeptiert, wenn den Arbeitnehmern ein überzeugendes Sicherheitsnetz angeboten wird. Die Grenze zwischen Sicherungsnetz und Faulbett muss in einer Weise gefunden werden, die zwar das Überleben sichert, aber einen Arbeitsplatz weiterhin als erstrebenswert erscheinen lässt. Nicht zu leugnen ist, dass dies nicht immer gelingen kann.

Diese Schlüsselfrage ist noch nicht befriedigend gelöst, da macht sich eine Bewegung breit, die für ein Konzept eintritt, das die Problematik dramatisch verschärfen würde. Gefordert wird ein gesichertes Mindesteinkommen für jeden Bürger, gleichgültig, ob er arbeitet oder nicht. Argumentiert wird, dass der Mensch seine Würde nur in der Unabhängigkeit wahren kann. Ist er gezwungen zu arbeiten, um seine Existenz zu sichern, dann kommt er in die Verlegenheit, um Arbeit und Lohn bitten zu müssen – die Vertreter dieser These formulieren auch „betteln zu müssen". Der freie Mensch sollte nur arbeiten müssen, wenn er eine Arbeit mit Freude verrichtet.

Der Gedanke zeugt von einer sehr humanen Einstellung und ist sicher bestechend. Tatsache ist aber, dass in der Realität die Umsetzung des Konzepts, das unter dem Schlagwort „Bürgergeld" Aufsehen erregt hat, katastrophale Folgen hätte. Die jetzt mit dem Arbeitslosengeld und der Sozialhilfe gegebene Tendenz mancher Arbeitnehmer, den Staatszuschuss dem Arbeitslohn vorzuziehen, würde sich dramatisch verstärken.

Die Forderung, man möge nur Arbeiten verrichten, die Freude bereiten, missachtet einen wesentlichen Faktor: Vor der Annahme einer Stelle weiß niemand, ob er sich in dem Betrieb künftig wohl fühlen wird oder nicht, ob ihn die Arbeit freuen wird oder nicht. Aber die Skepsis gegenüber Neuem ist eine stark verbreitete Haltung, die, mit dem „Bürgergeld" in der Tasche, eine bedenkliche Stütze erhält.

Im Endeffekt würde sich die Zahl jener, die am Erwerbsleben teilnehmen wollen, deutlich verringern. Mit dieser Entwicklung geht die Wertschöpfung der Volkswirtschaft zurück, sinkt das Aufkommen an Steuern und Sozialversicherungsbeiträgen. Das Bürgergeld muss aber von den Aktiven aufgebracht werden, die schon jetzt mit wachsenden Schwierigkeiten kämpfen, um die Ansprüche der Nichtaktiven – Kinder, Pensionisten, Arbeitslose – zu befriedigen. Die endgültige Überforderung der Aktiven und der von ihnen finanzierten Staatshaushalte und Sozialbudgets wäre unvermeidlich.

Besonders eigenartig ist das Argument der Befürworter des Bürgergelds, reiche Volkswirtschaften müssten sich das Bürgergeld leisten können, diese Beträge sollten doch leicht aufzubringen sein. Sie übersehen, dass die angesprochenen Volkswirtschaften sehr rasch nicht mehr reich wären.

Der zarte, klassenkämpferische Unterton, mit dem auf die Bezieher von Kapitalerträgen verwiesen wird, die schließlich auch arbeitsloses Einkommen beziehen und doch nicht besser gestellt sein sollten als andere, trifft das Problem nicht. Die Bereitstellung von Kapital ist das genaue Gegenteil der Inanspruchnahme öffentlicher Gelder für die Finanzierung des Bürgergelds. Die Auseinandersetzung zwischen Kapitalgeber und Kapitalnehmer über die Verzinsung des eingesetzten Kapitals ist ein wesentlicher Motor der Wirtschaft, ein entscheidender Beitrag zur Leistungs- und Effizienzsteigerung. Wenn eine Gesellschaft allerdings zu dem Schluss kommt, dass ihre Reichen zur Kasse gebeten werden müssen, dann wird sie dies über Steuern auch praktizieren. Mit dem Thema Bürgergeld hat dieser Fragenkomplex aber nichts zu tun.

Wachstum – das unbekannte Wesen

Der Begriff Wachstum hat sich in der alltäglichen Wirtschaftssprache etabliert. Für die meisten Marktteilnehmer ist Wachstum eine nicht zu diskutierende Notwendigkeit, da nur Wachstum die Existenz der Unternehmen absichert, Arbeitsplätze schafft und für Gewinne sorgt. Somit wird einfach Stagnation oder gar Schrumpfung als Bedrohung, Wachstum als Notwendigkeit erlebt.

Diese Selbstverständlichkeit lehnen die Wachstumsgegner ab, weil sie den ständigen Druck zu wachsen als Belastung der Menschen verurteilen, weil sie das Wachstum als Bedrohung für die Umwelt kritisieren und vielfach auch für die bescheidene Zufriedenheit mit dem Erreichten eintreten.

Die berühmteste Kritik am Wachstum bildet die Studie des Club of Rome unter dem Titel „Die Grenzen des Wachstums", in der 1972 der Ökonom und Professor an der Universität von New Hampshire, Dennis L. Meadows, prophezeite, dass ohne drastische Umweltmaßnahmen und eine strenge Geburtenkontrolle ab 2030 der Kollaps der Wirtschaft und der Umwelt drohe. Auch die Aktualisierungen dieser Studie in den Jahren 1992 und 2004 kündigen bei unveränderter Beibehaltung des aktuellen Wirtschaftssystems den Zusammenbruch noch in diesem Jahrhundert an.

Hier sei die Frage gestellt: Was ist Wachstum? Ist der Begriff tatsächlich so selbstverständlich, dass er keiner näheren Erläuterung bedarf? Kaum.

Verzicht auf Wachstum bedeutet Armut

Die Wachstumsdiskussion und mit ihr die Kapitalismuskritik rückt sehr oft die These in den Vordergrund, dass Dinge und Leistungen konsumiert werden, die „überflüssig" wären, die niemand wirklich „braucht". Man sollte besser auf vieles „verzichten", sich „Wesentlichem" zuwenden.

Tatsache ist, dass die Basisversorgung der Menschen mit Essen, Wohnen und Heizen nur einen minimalen Teil des Konsums und folglich auch nur einen minimalen Teil des Angebots darstellt. Somit kann man getrost die meisten Produktionen, die meisten Dienstleistungen als überflüssig und verzichtbar bezeichnen.

Würde man sich zu diesem Schritt entschließen, so wäre eine totale Verarmung der Menschheit die Folge. Der Reichtum gründet auf der Tatsache, dass eine unglaubliche Vielfalt an Angeboten auf eine enorme Zahl von Konsumenten trifft, die bereit sind, dafür zu arbeiten, dass sie die Produkte und Leistungen bezahlen können. Und mit dieser Arbeit für das Zustandekommen von Produkten und Leistungen sorgen. Ohne diese Menge an Überflüssigem gäbe es ein bescheidenes Sozialprodukt an Notwendigem, das in einem mühsamen Verfahren auf alle verteilt werden müsste.

Der Weg zur aktuellen, gerne kritisierten Luxusgesellschaft war der Weg des Wachstums. Die Ablehnung des Wachstums bedeutet die Rückkehr zur Armut.

Diese Logik hören die Wachstumskritiker nicht gerne. An derart extreme Situationen sei doch nicht gedacht, man wolle doch nur einer gewissen Bescheidenheit das Wort reden, die Aufmerksamkeit weg vom Konsum hin zu anderen Werten lenken. Dieser Einwand klingt sehr überzeugend, führt aber zu keinem Ergebnis.

Wer setzt das Maß? Ist ein elektrischer Kühlschrank selbstverständlich, aber die Anschaffung eines Geschirrspülers ein übertriebener Luxus und somit das Zeichen für ein verwerfliches Wachstum? Ein Fernsehgerät wird akzeptiert, aber ein Videorecorder nicht? Oder gar: Ein Videorecorder ja, aber ein DVD-

Spieler kommt nicht in Frage? Über einen Staubsauger diskutiert man nicht, aber ein Computer zeigt, dass der Nutzer dem Kaufrausch verfallen sei? Der Urlaub gehört zum Standard, die Weltreise sei ein Zeichen für Maßlosigkeit?

Vor allem: Wer entscheidet? Ist die Bescheidenheit eine Frage der Generation, die ihr Vertrautes selbstverständlich akzeptiert und das Neue als Verschwendung und übertriebenes Wachstum verteufelt? Hat also jede Generation eine andere Vorstellung von Bescheidenheit und somit von Wachstum?

Diese Diskussion ist nicht sehr ergiebig, weil nur der Konsument entscheidet und dessen Entscheidungen von einer Vielzahl von Faktoren bestimmt werden. Die Frage der Bescheidenheit ist da nur ein Aspekt unter vielen.

Volkswirtschaftlich ist der Aufruf zum Verzicht problematisch, weil er unweigerlich in die Verarmung der Gesellschaft führt, auch wenn nicht extrem an die Rückkehr zur Befriedigung nur der elementaren Bedürfnisse gedacht wird. Verarmung bedeutet Not, bedeutet soziale Spannungen und politische Verwerfungen. Diese Tatsachen dürfen nicht übersehen werden, wobei selbstverständlich der Umweltschutz und der Umgang mit den Ressourcen ebenso wenig zu vernachlässigen sind.

Der Versuch einer Definition

Was ist Wachstum? Es gibt keine eindeutige Antwort auf diese Frage. Hier sei der Versuch einer Definition unternommen.

Wachstum ist der Weg aller Konsumenten, somit aller sechs Milliarden Erdenbewohner, zu einem zufrieden stellenden Lebensstandard. Dieser Nachfrage entspricht das Wachstum des Angebots, das diese Nachfrage zu befriedigen hat.

Dieser erste Ansatz steckt bereits den Rahmen ab. Allerdings stellt sich die Frage nach der Definition des „zufrieden stellenden Lebensstandards". Diese Frage kann nicht eindeutig beantwortet werden, da die Ansprüche der Konsumenten nicht einheitlich sind und sich zudem laufend ändern. Auch ändert sich das Angebot und diese Änderungen beeinflussen naturgemäß die Vorstellungen der Konsumenten und ihre Wünsche.

Wenn auch die Definition des angestrebten Lebensstandards nicht eindeutig formuliert werden kann, so sind doch allgemeine Feststellungen möglich. Die Frage, ob eine Verbrauchergruppe an einer Vielzahl von Konsumgütern interessiert ist oder eher gelangweilt die eine oder andere Neuerung zur Kenntnis nimmt, lässt sich relativ leicht beantworten. Im ersten Fall besteht ein enormes Wachstumspotenzial, das den Anbietern hohe Umsätze und beträchtliche Gewinne verspricht; in der zweiten Variante werden die Anbieter nur mit besonders attraktiven Innovationen punkten können.

Das Wachstum der Wirtschaft wäre folglich abgeschlossen, wenn alle Konsumenten den angestrebten Lebensstandard erreicht haben. Dieser Zustand wird vermutlich nie erreicht, da auch satte Konsumenten sich nach Neuem sehnen und auch erfolgreiche Anbieter ihre Kunden mit Innovationen überraschen.

Verschiedentlich entsteht der Eindruck, dass Wachstum einfach mit „mehr" gleich zu setzen ist. Dieser Zugang wird allerdings nur einem Teil des Phänomens gerecht. Der Einzelne wird ohne Zweifel bestimmte Produkte und Leistungen verstärkt in Anspruch nehmen, etwa mehr Kleidungsstücke besitzen oder länger auf Urlaub fahren oder eine größere Wohnung beziehen wollen. Nicht nur der Wunsch des Einzelnen nach mehr, sondern auch die immer größere Zahl von Konsumenten, die sich die gängigen Verbrauchsgüter leisten, lassen Wachstum und „mehr" als Synonyme erscheinen. Ebenso entscheidend für das Wachstum sind aber Neuerungen, wie etwa Computer oder Handys oder digitale Kameras.

Die volkswirtschaftlichen Rechnungen sind auf die statistischen Meldungen der Unternehmen angewiesen. Diese Basis der Erhebungen ist naturgemäß sehr fehleranfällig, da die Betriebe die Beantwortung der Fragen und das Ausfüllen der Formulare als Belästigung empfinden. In alteingesessenen Betrieben wird diese Aufgabe mit Routine erledigt, in neuen Firmen werden die Fragebögen oft nicht zur Kenntnis genommen. Dennoch zu einem verlässlichen Resultat zu kommen, ist für die Statistiker und Wirtschaftsforscher nicht einfach.

Die Vermutung liegt nahe, dass Unternehmen, die sich bereits dem Ende des Lebenszyklus nähern, in den Daten noch eine gewichtige Rolle spielen und somit ein Sozialprodukt darstellen, das als problematisch zu bezeichnen ist. Die Wachstumsträger finden weniger Beachtung und sind vielfach auch noch klein und daher von der Statistik schwer zu erfassen.

Könnte man aus den volkswirtschaftlichen Gesamtrechnungen die Unternehmen am Ende ihres Lebenszyklus herausrechnen, so würde dieser Vorgang so manche Wachstumsrate zunichte machen.

Wachstum ist somit nicht nur wichtig, weil es gilt, den Lebensstandard aller Konsumenten auf das angestrebte Niveau anzuheben. Wachstum ist auch wichtig, um sicherzustellen, dass die Unternehmen, die aus dem Markt ausscheiden, durch andere ersetzt werden.

Die Grenzen des Wachstums sind anderswo

Der Club of Rome und in der Folge die Grünbewegung sehen die Grenzen des Wachstums dann erreicht, wenn die Umwelt den Ausstoß der Schadstoffe nicht mehr verträgt und wenn die erforderlichen Rohstoffe und insbesondere die Energieträger erschöpft sind. Diese beiden Aspekte sind ohne Zweifel bedeutsam und bedürfen auch einer genauen Beachtung. Vor allem ist aber festzustellen, dass die Grenzen des Wachstums primär anderswo zu suchen sind.

Dies sei an einem Beispiel aus jenem Themenkreis demonstriert, der die Wachstumskritiker stark beschäftigt – dem Verkehr. Der Verkehr, so lautet die Argumentation, belaste die Umwelt und verbrauche Energie, bilde also eine der größten Bedrohungen und müsse durch Regelungen eingedämmt werden. Tatsache ist, dass der Verkehr an seine Grenzen stößt, lange bevor etwa die Beschaffung zusätzlicher Treibstoffe an einem Versorgungsproblem scheitert oder die Luftbelastung unerträglich wird.

Der Verkehr erstickt selbst im Stau und zwingt die Konsumenten zu einem alternativen Verhalten. Die Angst der Grünen, dass zusätzliche Straßen und Garagen, allen widrigen Umständen zum Trotz, doch ein weiteres Wachstum des Verkehrs ermöglichen, ist unbegründet. Verkehr besteht stets im Wechsel von einem Ort zum anderen und beide Orte stellen unweigerlich Engpässe dar, die nur eine beschränkte Aufnahmefähigkeit für PKW und LKW haben. Dies gilt nicht nur für mittelalterliche Städte mit engen Gassen, sondern für jeden Ballungsraum.

Die von Wachstumskritikern geforderte, staatlich gelenkte Beschränkung des Verkehrs zeitigt keine brauchbaren Ergebnisse. Die immer wieder betriebene Verhinderung neuer Straßen führt nur zu noch längeren Stauzeiten, aber nicht zu einer Reduktion der PKW- oder LKW-Nutzung. Die auffällige Reaktion besteht in der Anschaffung von Fahrzeugen mit größerem Komfort und besseren Autoradios.

Als tatsächlich erfolgreich erweist sich das Angebot von brauchbaren Alternativen. Die Installierung eines leistungsfähigen Netzes von Pendlerzügen und die Errichtung einer ebenfalls leistungsfähigen U-Bahn im Ballungsraum überzeugt Hunderttausende, auf das Auto zu verzichten. Ein effizientes Bahnsystem, das die Bedürfnisse der Kunden umfassend befriedigt, bringt den Verkehr tatsächlich von der Straße auf die Schiene. Die Bestrafung des Straßenverkehrs mit hohen Gebühren und Steuern ohne einen brauchbaren Ersatz im öffentlichen Bereich sorgt nur für Ärger und nützt der Umwelt nichts.

Ähnliche Phänomene sind in fast allen Bereichen zu beobachten. Zur Illustration sei auf den persönlichen Lebensbereich verwiesen. Jeder Einzelne hat eine ungefähre Vorstellung, wie er wohnen möchte, und wird sich um die Realisierung dieser Wünsche bemühen, bis sie erfüllt sind. Ist dies der Fall, so wird er kaum weitere Investitionen vornehmen. Einmal im Einfamilienhaus der

Träume installiert, werden nur wenige daran denken, ein zweites zu bauen. Passt die Einrichtung, so steht in der Folge nur die Erneuerung auf dem Programm. Und auch die technische Ausrüstung vom Fernsehgerät bis zum Geschirrspüler wird nur mehr Thema sein, wenn ein Apparat nicht mehr funktioniert oder eine attraktive technische Neuerung auf den Markt kommt. Wachstum trifft stets auf Sättigung, sodass die Theorie vom unbeschränkten Wachstum von der banalen Realität in Frage gestellt wird.

Bäume wachsen nicht in den Himmel

Dabei wurden in der hier aufgezeigten Argumentation zwei entscheidende Bremsen nicht einmal erwähnt: Die finanziellen Möglichkeiten der Konsumenten bilden außerordentlich wirksame Grenzen. Ebenso ist die Kapazität der Unternehmungen zu beachten: Ein überschäumendes Wachstum löst unmittelbar nur längere Lieferzeiten und höhere Preise aus, aber bewirkt keine zusätzlichen Produkte und Leistungen. Anhaltendes Wachstum führt tatsächlich zu größeren Kapazitäten und zusätzlichem Sozialprodukt, doch müssen die Anbieter sich an der längerfristig gegebenen Nachfrage orientieren, um ihre Investitionen auch finanzieren zu können. Man ist versucht, die Wachstumskritiker an die alte Weisheit zu erinnern, dass Bäume nicht in den Himmel wachsen.

In einer entwickelten Volkswirtschaft mit gut ausgestatteten Konsumenten steht im Gegensatz zur Botschaft der Grünen nicht die Eindämmung des Wachstums im Vordergrund, sondern vielmehr die Suche nach zusätzlichen Wachstumschancen.

Schon im ersten Bericht des Clubs of Rome zog sich eine Botschaft wie ein roter Faden durch die Analyse. Die entwickelten Industriestaaten belasten die Natur und die Rohstoffreserven, doch sei dieser Verbrauch noch in etwa verkraftbar. Die Ökosysteme würden hingegen vollends zusammenbrechen, wenn auch die Länder mit geringem wirtschaftlichen Niveau das Konsumverhalten der westlichen Welt übernehmen.

Aus dieser Gegenüberstellung ließ sich die empörende Einstellung ablesen, dass zwar die reichen Länder ihren Wohlstand genießen können, die armen jedoch im Interesse der Umwelt arm bleiben mögen. Das war 1972. Der Autor der Studie, Dennis L. Meadows, formulierte in einem Interview mit der „Zeit" 2003 nicht viel anders als drei Jahrzehnte zuvor: „Allein ein Land wie China auf das Niveau der Industrieländer zu hieven, wird katastrophale Folgen haben".

Man kann es nicht oft genug betonen: Wirtschaft wird für Menschen betrieben und nicht für Theorien. Und alle Menschen haben ohne Unterschied den gleichen Anspruch auf ein möglichst komfortables Leben. Privilegien einzelner Gruppen, Klassen oder Länder sind durch nichts zu rechtfertigen. Die Demokratie und die Menschenrechte dürfen auch nicht außer Kraft gesetzt werden, wenn tatsächlich die von Meadows und anderen prophezeiten Katastrophen drohen. Ist dies der Fall, so müssen die Lasten ebenfalls gleichmäßig verteilt werden.

Allerdings sei hier auf einige Schwächen der Szenarien verwiesen. Die Berechnung des Energieverbrauchs unter der Annahme, dass die Ausstattung der chinesischen Haushalte mit PKW den Verhältnissen in den USA oder in Europa entspricht, führt unweigerlich zu einem Extremwert. Dass allerdings die Zahl der Einwohner etwa in den Städten seit jeher so groß ist, dass schon die Radfahrer im Stau stecken, relativiert die Aussicht auf einen Autoboom in China.

Die Fortschreibung der bisherigen Bevölkerungszunahme muss ebenfalls zu erschreckenden Werten führen. Tatsache ist aber, dass in allen Gesellschaften die Steigerung des Wohlstands eine Reduktion der Kinderzahl zur Folge hat. Das Phänomen bleibt auch in China nicht aus, sodass Prognosen in diesem Bereich problematisch sind.

Unbestreitbar bleibt aber die Tatsache, dass der Aufschwung

in China und in zahlreichen anderen Ländern von Asien bis Osteuropa und nach Südamerika zu einer spektakulären Steigerung des Rohstoffverbrauchs und der Umweltbelastung führt. Die Antwort kann aber nicht im Ruf nach einer verordneten Bremse bestehen. Dies ist schon aus der Sicht der Menschenrechte nicht vertretbar und zudem in der Praxis auch nicht durchzusetzen. Vielmehr gilt es, diese Entwicklung zu akzeptieren, sie aber ökonomisch und ökologisch verträglich zu gestalten.

Die Gefährdung der Umwelt durch die Grünen

Der Titel „Die Gefährdung der Umwelt durch die Grünen" ist nicht nur eine bewusst provokante Formulierung. Leider hat die Aussage auch ihre Berechtigung. Vorweg sei aber die unbestreitbare Leistung der Grünbewegung anerkannt und unterstrichen, dass nur durch ihren Einsatz das Bewusstsein für die Erfordernisse der Ökologie geschaffen wurde. Ihr Aufschrei hat die Verhaltensweisen maßgeblich verändert und in segensreicher Weise die Politik und die Wirtschaft beeinflusst. So positiv das Auftreten der Grünen zu beurteilen ist, so negativ sind einige zentrale Elemente ihrer Politik.

Angesprochen sei hier in erster Linie die Bekämpfung aller Kraftwerke, gleichgültig, ob es sich um kalorische Werke handelt, die Öl, Gas oder Kohle verfeuern und somit trotz aller Filterung der Abgase eine Belastung der Umwelt auslösen, oder um Wasserkraft oder um Atomenergie.

Vollends unverständlich ist die Bekämpfung von Wasserkraftwerken. Der Rohstoff Wasser erfüllt alle Forderungen der Grünen. Es handelt sich um eine erneuerbare Energiequelle, die zudem in der Stromproduktion keinem Verbrauch unterliegt. Wasserkraftwerke produzieren keinen Ausstoß und belasten die Umwelt nicht. Der Rohstoff steht kostenlos zur Verfügung.

Die Argumente der Grünen sind bekannt: Die Errichtung der Werke stellt einen Eingriff in die Natur dar und ist aus diesem

Grund problematisch. Dass die moderne Technologie Bautechniken entwickelt hat, die auf die Ökologie Rücksicht nimmt und sogar mit dem Bau ökologisch positive Effekte kombinieren kann, findet keine Berücksichtigung. Ein Kraftwerksbau ist ein Eingriff in die Natur und daher abzulehnen.

Hier zeigt sich, dass die Grünen keine Abwägung vornehmen. Jede Kilowattstunde Strom, die nicht in einem Wasserkraftwerk hergestellt wird, löst eine entsprechende Produktion in einer kalorischen Anlage aus. Schon aus diesem Grund sollten die Grünen die Wasserkraft akzeptieren. Da wird aber ein anderes Argument strapaziert: Der Stromverbrauch ist zu groß, es sollte gespart werden; erst wenn alle Sparpotenziale ausgeschöpft sind, dürfe man den Bau von Kraftwerken betreiben. Hier verabschieden sich die Grünen allerdings in die Theorie. In der Praxis wächst der Stromverbrauch und daher sollte wohl eine umweltfreundliche Produktionsweise wie die Wasserkraft eine positive Beurteilung erfahren.

Die Überforderung der Privathaushalte

Nicht zuletzt spielen auch soziale Aspekte eine Rolle. Jeder Liter Öl, jeder Kubikmeter Gas nützt den Lieferanten dieser Energiequellen, trägt zur Verteuerung dieser die Umwelt belastenden Energien bei, stärkt die Position der Öl- und Gaswirtschaft und schwächt die Kaufkraft der Konsumenten. Plakativ formuliert helfen die Grünen im Endeffekt den Scheichs und belasten die Pensionisten. Auch hier haben die Grünen ein Gegenargument parat: Hohe Preise für Energie sind zu begrüßen, weil sie die Konsumenten zum Sparen zwingen und nur die Verringerung des Energieverbrauchs die Belastung der Umwelt mit Schadstoffen senkt.

Die Pensionisten mit bescheidenen Renten sind für derartige Überlegungen nicht die richtigen Adressaten. Die Industrie hat die Botschaft bereits seit Jahrzehnten umgesetzt und das Wachstum vom Energieverbrauch abgekoppelt. Das Bemühen um weitere Einsparungen ist zum integrierten Element jeder Investitionsplanung geworden. Im Verkehr sollten die außerordentlich erzieherischen Staus, ein attraktives Angebot der öffentlichen Verkehrsträger und die weiteren Bemühungen um Treibstoff sparende Fahrzeuge die entscheidenden Helfer der Ökologie bilden.

Problematisch ist die Entwicklung in den Haushalten, die allerdings recht hilflos auf die Preisschübe auf den Energiemärkten reagieren. Hier zeigt sich, dass die von den Grünen vertretene Hoffnung auf die heilsame Wirkung der hohen Preise nicht eintritt. Am Rande sei vermerkt, dass, abgesehen vom Bekenntnis zu hohen Energiepreisen, die Grünen sich nicht unbedingt als Vorkämpfer einer harten, kapitalistischen Verherrlichung des Marktes profilieren.

Die Privathaushalte sehen sich überfordert, wenn es um die Änderung der gegebenen Baustrukturen geht. Von der Sanierung der Häuser bis zur Umstellung der Heizung erweist sich der notwendige Aufwand als enorm und schreckt viele ab. Dabei zeigen konkrete Beispiele, dass Einsparungen bis zu 60 Prozent möglich sind: Der Energieverbrauch eines durchschnittlichen Einfamilienhauses mit 140 Quadratmetern Nutzfläche beträgt in Zentraleuropa zwischen 240 und 250 Kilowattstunden je Quadratmeter und kann ohne Komfortverlust mit entsprechenden Techniken auf 100 Kilowattstunden gesenkt werden.

Hier kann wohl nur eine Kombination aus Förderungen und Auflagen wirken, wobei die Auflagen mit entsprechenden Strafen zu stützen sind: Die Strafe für die Beibehaltung der Heizungsanlage X ist so hoch wie die Kosten der Sanierungsmaßnahmen und der Anschaffung der Heizungsanlage Y. Die Sanierung und die Anschaffung der Heizungsanlage Y werden mit einem substanziellen, öffentlichen Zuschuss belohnt. Ein derartiges Modell, das auch der übrigen Neigung der Grünen entsprechen würde, mit öffentlichen Eingriffen zu operieren, wäre höchst wirksam.

Nachvollziehbar, aber nicht verständlich ist die strikte Ablehnung der Atomenergie durch die Grünen. Auch hier handelt es sich um eine Energieform, die eine extrem geringe Belastung der

Umwelt auslöst und daher den ökologischen Erfordernissen entgegenkommt.

Atomenergie darf nicht tabu sein

Die Nennung der Vorteile, die die Stromerzeugung aus Kernenergie bietet, wird mit dem Hinweis auf die Katastrophe im ukrainischen Atomkraftwerk Tschernobyl 1986 erstickt. Angesichts der radioaktiven Verseuchung der Umgebung des Kraftwerks und der radioaktiven Wolke, die sich über große Teile Europas ausbreitete, sollte sich jede weitere Diskussion erübrigen. Dabei wird geflissentlich übersehen, dass in der Sowjetunion eine sträfliche Vernachlässigung aller Sicherheitsvorkehrungen an der Tagesordnung war und zudem die Katastrophe die gigantischen Ausmaße nur erlangte, weil auch die bestehenden Sicherheitseinrichtungen an diesem Tag außer Kraft gesetzt waren. Tschernobyl verdeckt die Tatsache, dass in den westlichen Industriestaaten seit den fünfziger Jahren Atomkraftwerke betrieben werden und sich kein Zwischenfall mit größeren Schäden ereignet hat.

Auch diese Umstände überzeugen nicht. Erklärt wird, dass die Atomkraft weder kostengünstig noch umweltfreundlich sei. Beide Faktoren würden durch die Probleme bei der Endlagerung der Brennstäbe mehr als aufgewogen. Die Kosten seien nicht abschätzbar. Die Gefahr für die Umwelt bliebe über Generationen hinweg bestehen. Also gebe es ein weiteres Bündel von Gründen, das Thema aus der energiepolitischen Diskussion auszuklammern.

Nicht zur Kenntnis genommen wird die Tatsache, dass sich zahlreiche Atomkraftwerke in den vergangenen fünfzig Jahren bewährt haben. Auch gilt wohl, dass gebrauchte Brennstäbe kein höheres Gefahrenpotenzial aufweisen als Elemente, die aktiv im Einsatz sind. Somit ist nicht nachvollziehbar, warum gebrauchte Brennstäbe nicht bei den Kraftwerken gelagert werden können, also bei jenen Anlagen, die die höchsten Sicherheitsvorkehrungen aufweisen müssen.

Hier sei das Problem der Endlagerung nicht bagatellisiert. Abzulehnen ist die Übertreibung der Gefahr. Die Anti-Atom-Bewegung hat zudem dazu geführt, dass die Forschung auf diesem Gebiet nachgelassen hat und folglich viele Chancen einer Weiterentwicklung der Kraftwerke selbst wie der Lagertechniken nicht genutzt wurden. Auch wirkte sich die Ablehnung auf verwandte Forschungsgebiete, wie die Bemühungen um die Kernfusion oder die energetische Nutzung des Wasserstoffs, negativ aus. Mehr noch: Alle Perspektiven, wie etwa die Entwicklung leistungsfähiger Batterien, die längere Zeit Autos betreiben oder Wohnungen mit Strom versorgen könnten, werden kaum weiterverfolgt.

Die Einstellung zu Atomkraft erinnert stark an die Flugangst. Tatsächlich stellt das Flugzeug das nachweisbar sicherste Verkehrsmittel dar und trotzdem ist die Flugangst ständig präsent. Demgegenüber wird das Auto ohne weitere Überlegung ständig genutzt, obwohl im Straßenverkehr eine permanent hohe Unfallgefahr besteht. Die Parallele: In der Energiepolitik wird die Kernenergie verteufelt, obwohl Atomkraftwerke Strom sauber, billig und sicher überall produzieren können. Um den Vergleich fortzusetzen, weil gelegentlich ein Flugzeugabsturz erfolgt, weil auch bei Atomkraft keine hundertprozentige Sicherheit möglich ist, wird die Kernenergie abgelehnt. Dies stützt, nicht beabsichtigt, aber unvermeidbar, die dominierende Stellung der Ölwirtschaft: Öl ist teuer, belastet die Umwelt, macht die Industriestaaten politisch von Ländern mit problematischen Regimes abhängig und sorgt für sagenhaften Reichtum bei einigen zu Lasten aller Konsumenten weltweit.

Diese Faktoren müssten nicht nur die Grünen, sondern alle politischen Gruppierungen und Interessenvertreter zu einem sachlichen Umgang mit dem Thema veranlassen. Dies bedeutet nicht, dass nun hemmungslos überall Atomkraftwerke errichtet werden sollen. Es gilt, diese Form der Energiegewinnung zur Kenntnis zu nehmen und verantwortungsvoll alle sich bietenden Möglichkeiten zu nutzen.

Die segensreiche Globalisierung

Zwei Phänomene seien noch einmal unterstrichen: Die notwendige Arbeitslosigkeit und das Auftreten von Sättigungserscheinungen in vielen Bereichen.

Die Arbeitslosigkeit ist eine unvermeidbare Konsequenz der ebenfalls unvermeidbaren Rationalisierung in allen Bereichen. Dies bedeutet aber, dass immer wieder neue Firmen und neue Branchen entstehen müssen, die das frei werdende Potenzial an Arbeitskräften aufnehmen können. In der Praxis ist dies bisher immer der Fall gewesen, auch wenn Pessimisten in den Phasen zwischen den Innovationsschüben einer Kassandra ähnlich verkünden, der Industriegesellschaft gehe die Arbeit aus.

Die Rationalisierung bedeutet auch, dass bei steigender Produktivität mit geringerem Einsatz die gleiche oder sogar eine größere Wertschöpfung erzielt wird. Diese wiederum erlaubt eine Verkürzung der Arbeitszeit, sei es als Wochen- oder als Lebensarbeitszeit verstanden. Die steigende Wertschöpfung ermöglicht somit bei gleichem oder geringerem Einsatz gleiche oder höhere Einkommen. Alle diese Phänomene haben die Wirtschaftsgeschichte der vergangenen Jahrzehnte bestimmt.

In diese Entwicklung fügt sich die verschiedentlich als Unglück bezeichnete Globalisierung harmonisch und segensreich ein. Von der gesamten Weltbevölkerung, die derzeit etwa sechs Milliarden Menschen zählt, genießt nur etwa eine Milliarde den Wohlstand, der in den entwickelten Ländern für selbstverständlich gehalten wird. Fünf Milliarden sind davon mehr oder weniger weit entfernt. Diese fünf Milliarden streben dieses Niveau an und viele sind auf gutem Weg, das Ziel zu erreichen.

Diese Bewegung bedeutet, dass sich der Reichtum der

Menschheit derzeit vervielfacht. Eine vergleichbare Situation hat es in der Geschichte noch nicht gegeben. Die Milliarden, die in die Industrie- und Dienstleistungswirtschaft einrücken, erbringen eine enorme Wertschöpfung und werden zu kaufkräftigen und kauflustigen Konsumenten, deren Nachfrage direkt oder indirekt allen Anbietern weltweit zugute kommt. Die Globalisierung schafft folglich Arbeitsplätze und nützt somit auch den Arbeitsmärkten in den entwickelten Staaten, die im Gefolge von Sättigungserscheinungen nicht immer in der Lage sind, die sich notwendig ergebenden Arbeitslosen zu beschäftigen.

Es ist erstaunlich, dass diese Tatsache in der Öffentlichkeit kaum zur Kenntnis genommen wird und die negativen Aspekte im Vordergrund stehen. In der Diskussion wird im Gegenteil die Vernichtung von Arbeitsplätzen in den Industriestaaten betont, wobei die brutalen Kapitalisten als Schuldige angeprangert werden, die die Werke in Billiglohnländer verlagern. Ebenso wird auf die ökologischen Gefahren verwiesen.

Die Globalisierung ist keine Falle

Die Schließung von Werken in den alten Industriestaaten und die Verlagerung der Produktion in aufstrebende Länder mit niedrigen Löhnen, geringen Umweltauflagen und attraktiven Benefizien für Betriebsansiedlungen sind Tatsachen, die nicht zu leugnen sind. Dass diese Maßnahmen Arbeitsplätze in den traditionellen Industrieregionen vernichten, ist ebenfalls nicht zu leugnen. Beschränkt man die Analyse auf diesen Umstand, so drängt sich das Wort von der Globalisierungsfalle auf, aus der man sich nicht befreien kann, weil in den entwickelten Staaten eine Senkung der Löhne und sonstigen Kostenfaktoren auf das Niveau der Mitbewerber nicht möglich ist.

Diese Argumentation übersieht allerdings wesentliche Faktoren. So verändert die Ausschöpfung aller Rationalisierungsmöglichkeiten in den alten Industrieländern deutlich die Kostenrelationen. Gerne wird übersehen, dass durch Automation der Anteil der Löhne in vielen Fällen dramatisch gesenkt werden kann und auf diese Weise die Wettbewerbsfähigkeit zu verteidigen ist.

Mehr noch: In den Billiglohnländern verführen die niedrigen Löhne viele Produzenten zur Vernachlässigung der Rationalisierung. Da aber auch in den aufstrebenden Industriestaaten die Personalkosten steigen, geraten die Billiganbieter von gestern rasch in die Kostenschere.

Der Druck der Globalisierung zwingt somit die entwickelten Staaten zur Senkung der Kosten, zur Steigerung der Qualität und vor allem zur Konzentration auf hochwertige Produkte. Diese Herausforderung haben die USA als Erste angenommen und bewältigt, Europa sollte gleichziehen und nicht lamentieren.

Zu unterstreichen ist die Tatsache, dass Billiglohnländer nicht Billiglohnländer bleiben, da auch die in diesen Regionen tätigen Arbeiter einen höheren Lebensstandard anstreben. Die Globalisierung begann ihren Siegeszug in den achtziger Jahren des zwanzigsten Jahrhunderts und kommt somit in die Jahre. Noch gibt es zahllose Oasen, in denen extrem günstige Kostenstrukturen locken, doch werden es immer weniger. Man kann also davon ausgehen, dass eine Annäherung der Kosten erfolgt und nach einer Übergangsphase die Platzierung von Produktionen nicht mehr vom Lohndumping bestimmt wird.

Ein entscheidendes Phänomen wird zudem meist übersehen. Hoch qualifizierte Fachkräfte setzen auch in den so genannten Billiglohnländern Gehälter durch, die dem Standard in den Industriestaaten entsprechen. Durch das starke Wachstum der aufstrebenden neuen Industrieländer macht sich sehr rasch ein drückender Mangel an Fachkräften bemerkbar, der die Verhandlungsposition dieser Gruppe enorm stärkt. „Billig“ ist somit nur das nicht qualifizierte Personal, das in jenen Bereichen tätig ist, die das größte Rationalisierungs- und Automatisierungspotenzial aufweisen.

Das Versagen der Gewerkschaften

Das Plädoyer für die Globalisierung und der Hinweis auf die Entwicklung, die zeigt, dass der Markt viele Probleme löst, klingen nicht nach Kampf gegen den Kapitalismus. Im Gegenteil. Und das bewusst.

Zu oft und zu laut wird in der Öffentlichkeit die Globalisierung verteufelt und nach protektionistischen Maßnahmen gerufen, die kein Problem lösen, aber zusätzliche schaffen. Es gilt, die Grundtatsache herauszuarbeiten und aufzuzeigen, dass die Globalisierung eine historisch einmalige Chance bedeutet.

Aber, wie meist, kein Vorteil ohne Nachteil. Die von den Kritikern aufgezeigten Probleme bestehen und rufen nach einer Lösung, die aber nicht in Verboten und Schutzzöllen bestehen kann.

Gefordert sind in erster Linie die Gewerkschaften und anderen Arbeitnehmerorganisationen. Derzeit herrscht ein bedrohliches Ungleichgewicht. Die Firmen agieren weltweit, die Sprecher der Arbeitnehmer sind in den regionalen Organisationen erstarrt.

In den Niedriglohnländern wird das Auftreten der international tätigen Firmen als Glück empfunden. Auch wenn die bezahlten Löhne aus amerikanischer oder europäischer Sicht in der Regel bescheiden sind, für die Empfänger bedeuten diese Einkommen den entscheidenden Schritt aus der Armut. Erst nach und nach folgt die Erkenntnis, dass höhere Bezüge angemessen wären. Dieser Prozess hängt auch mit der Änderung der Verhaltensweisen und der gesamtwirtschaftlichen Entwicklung zusammen.

Ein Landarbeiter aus dem Norden Thailands, der nie eine eigene Wohnung oder einen höheren Lebensstandard gekannt hatte, feierte die erste Losung, die ihm eine Textilfabrik Ende der achtziger Jahre in der Umgebung von Bangkok zahlte, als großes Glück. Viele haben in der Folge eine geförderte Eigentumswohnung in einem Vorort von Bangkok erworben, Einrichtungsgegenstände gekauft, Raten und Betriebskosten kennen gelernt und wissen, wie hoch ein Lohn sein muss, um ein durchschnittliches Niveau in einem Industrieland zu finanzieren. Das Beispiel aus Thailand wiederholt sich in allen aufstrebenden Ländern.

In dieser Situation werden die Arbeitnehmer empfänglich für eine Vertretung. Die Gewerkschaften wären nun gefordert, die in den entwickelten Ländern selbstverständlichen Arbeitsbedingungen auch in den neuen Industriestaaten zu erkämpfen. In einem globalen Dorf, und nichts anderes ist heute die Weltwirtschaft, muss für die gleiche Arbeit auch der gleiche Lohn bezahlt werden.

Die Tendenz der Kapitalisten, einen Zustand herzustellen, der an die Zeit der Kolonialherrschaft erinnert, ist abzulehnen. Das Bild ist bekannt, aber unzeitgemäß: In einem Londoner Club genießen die Millionäre den Wohlstand, während in Indien die Arbeiter für einen Bettel schuften. In Indien sind heute hoch qualifizierte Computerexperten im Einsatz und ein indischer Stahlindustrieller avancierte 2006 durch den Kauf eines europäischen Konzerns zum entscheidenden Akteur auf dem Stahlmarkt. Von einer Renaissance des Kolonialismus kann also nicht die Rede sein. Sehr wohl zu fragen ist, wie mit der dramatischen Differenz bei den Löhnen umzugehen sei.

Das Versagen der Gewerkschaften hat mehrere Dimensionen. In Europa verteidigen sie den Kündigungsschutz und tragen damit zur Arbeitslosigkeit bei. Dabei müssten sie dringend der Beseitigung derart übertriebener Schutzmechanismen zustimmen und sich um brauchbare, aber wirtschaftlich verkraftbare Absicherungen bemühen, die den Wechsel von einem Arbeitsplatz zum anderen erleichtern. Außerdem konzentrieren sie sich auf die Vertretung der Arbeitnehmer, die den immer seltener werdenden Genuss eines Arbeitsplatzes mit Vollarbeitszeit haben. Die zahlreichen Bezieher geringfügiger Einkommen, die meist mehrere Teilzeitarbeiten kombinieren müssen, um ein befriedigendes Einkommen zu erreichen, brauchen eine kraftvolle Vertretung, die sie aber nicht haben. Es besteht also in den Industriestaaten dringender Bedarf an energischer, aber konstruktiver und flexibler Arbeitnehmervertretung.

In diesem Sinne wäre auch der internationale Einsatz erforderlich. Die Verlagerung von Arbeitsplätzen in Billiglohnländer erfolgt in international tätigen Unternehmen. Der erste Ansatz für die Gewerkschaften muss wohl in der Installierung und Stärkung von Konzernbetriebsräten in den Unternehmenszentralen bestehen, sodass in den Firmen selbst eine ausgewogene Lohnstruktur erstritten wird. Die zweite Schiene müsste in einer verstärkten Zusammenarbeit der Gewerkschaften auf internationaler Ebene bestehen. Über Resolutionen bei netten Tagungen ist aber die Gewerkschaftsbewegung bislang nicht hinausgekommen.

Es mutet wie ein Treppenwitz der Geschichte an, dass die Anfänge der Arbeiterbewegung von den Klängen der „Internationalen" skandiert wurden: „Völker, hört die Signale! Auf, zum letzten Gefecht! Die Internationale erkämpft das Menschenrecht!" Als dieses Lied entstand, bewegte sich die Industrie in nationalen Dimensionen. Damals reisten Sozialisten von Land zu Land, um für ihre Ideen zu werben und die Arbeitnehmer zu motivieren, sich gegen die kapitalistischen Ausbeuter zu wehren. Heute ist die Industrie überall und die Gewerkschafter sitzen satt und träge in ihren gemütlichen Büros, die sich nicht wesentlich von den Chefetagen in Konzernzentralen unterscheiden.

Der Einsatz der Gewerkschaften ist ein unverzichtbares Element im Kampf gegen den Kapitalismus. Allerdings muss hier ein Aspekt deutlich unterstrichen werden, um Missverständnissen vorzubeugen. Es gilt nicht, die Erstarrung des Arbeitsmarktes, die in Europa überdeutlich am Kündigungsschutz abzulesen ist, in die aufstrebenden Staaten zu exportieren. Es gilt, weltweit den Arbeitnehmern einen fairen Anteil an der Wertschöpfung zu sichern. Die Gewerkschaften allein werden zudem diese Aufgabe nicht bewältigen können.

Die Währungskurse verfälschen die Relationen

Die stärkste Triebfeder der Globalisierung bilden die niedrigen Löhne in den Entwicklungsländern, die den Produzenten einen enormen Kostenvorteil verschaffen. Einer der am meisten umstrittenen Aspekte des so genannten „Turbo- oder Heuschrecken-Kapitalismus" ist die Schließung von Werken in den alten Industriestaaten und die Verlagerung der Produktion in Billiglohnländer.

Allerdings bedarf das Phänomen der niedrigen Löhne einer näheren Analyse. Die Löhne sind extrem niedrig im Verhältnis zu den Sätzen in den Industriestaaten. In den Ländern selbst ergeben sich andere Relationen. Ein Monatslohn von vielleicht 200 Euro ermöglicht in vielen Billiglohnländern einen respektablen Lebensstandard, wogegen man mit diesem Betrag in den entwickelten Regionen nicht weit kommt. In den lokalen Märkten ergibt sich ein wie immer geartetes Gleichgewicht zwischen den Löhnen und den Preisen. Die global tätigen Unternehmen nützen auf der einen Seite die Kosten in den Entwicklungsländern und auf der anderen das hohe Preisniveau in den alten Industriestaaten, wodurch hohe Gewinne möglich werden. Die Verzerrung entsteht durch die Umrechnungskurse der Währungen. Da diese Wirtschaften noch ein niedriges Niveau aufweisen, sind auch die Umrechnungskurse ihrer Währungen niedrig. Würden sich die Kurse nach der Kaufkraft in den lokalen Märkten richten, käme eine weit höhere Bewertung zustande und ein Großteil der viel gerühmten Vorteile wäre von vornherein nicht gegeben.

Die entsprechenden Länder werden auch immer wieder aufgefordert, für eine Aufwertung ihrer Währungen zu sorgen, um auf diese Art zum Abbau der Wettbewerbsverzerrungen beizutragen. Dieses Thema belastet beispielsweise die Beziehungen zwischen China und den USA ständig. Allerdings ist der chinesische Rinminbin auf den internationalen Finanzmärkten kaum in Umlauf, sodass keine vom Markt bestimmten Kurse zustande kommen wie etwa beim Dollar oder beim Euro. Die chinesische Nationalbank kann daher den Kurs eigenständig festlegen und lehnt eine Aufwertung ab, weil sie den Export und den Zuzug ausländischer Investoren nicht gefährden will.

Überraschende Schützenhilfe bekamen die Chinesen 2005 von Robert A. Mundell, dem Nobelpreisträger, der als wissenschaftlicher Vater des Euro gefeiert wird. Der Theoretiker der Einheitswährung erklärte, eine Aufwertung der chinesischen Währung um die diskutierten 25 Prozent würde den Aufschwung Chinas stoppen und in Asien eine Rezession auslösen. Die Vorteile für die USA wären hingegen minimal. Auch spricht sich Mundell in Interviews gegen die Fusion von Euro und Dollar oder die Schaffung einer Weltwährung aus, weil derartige Maßnahmen derzeit die Wirtschaftssysteme überfordern würden. Diese Einwände haben ohne Zweifel ihre Berechtigung. Wenn aber die Bekämpfung der negativen Erscheinungen zur Debatte steht, so sind die Lehren aus der gemeinsamen Währung Euro in Erinnerung zu rufen, Lehren, die entscheidend von Mundell mitgeprägt wurden. Auch gilt es, eine mögliche Weiterentwicklung dieses Konzepts auf globaler Ebene zu diskutieren.

Eine Weltwährung – Traum oder Alptraum?

Einer der bedeutendsten Vorteile der gemeinsamen Währung besteht in der Tatsache, dass die teilnehmenden Länder nicht über Ab- und Aufwertungen für Wettbewerbsverzerrungen sorgen können. Zur Illustration sei daran erinnert, dass in Europa vor der Einführung des Euro Italien, das heute in das Euro-System eingebunden ist, mit Hilfe von Abwertungen negative Entwicklungen korrigiert hat. Nach einer stärkeren Preissteigerung sorgte eine Abwertung für die Wiederherstellung der Konkurrenzfähigkeit der italienischen Waren auf den Weltmärkten. Heute ist Italien gezwungen, die Kosten und folglich die Preise zu stabilisieren, um Nachteile im Export zu vermeiden.

Bei der Einführung einer gemeinsamen Währung ist zu beachten, dass die Preise in den einzelnen Ländern in etwa vergleichbar sind. Wenn auch eine perfekte Kaufkraftparität schwer herstellbar ist, so sollte diese im Englischen als PPP – purchasing power parity – bezeichnete Relation beachtet werden. Betont sei „in etwa", da auch in den Ländern selbst ein Kilogramm Brot nicht überall den gleichen Preis aufweist, auch die Mieten von Ort zu Ort differieren und die Löhne nicht Einheitssätzen gehorchen. Ein Mittagessen in einem Luxusrestaurant ist selbstverständlich teurer als in einem Wirtshaus im Arbeiterviertel, eine Theaterkarte bei Festspielen bekommt man nicht um den gleichen Betrag wie die Karte für eine Repertoire-Aufführung eines Stadttheaters. „In etwa" wird aber das organisch gewachsene Lohn- und Preisniveau von der jeweiligen Bevölkerung als entsprechend und nachvollziehbar erlebt. Und in etwa sollten auch die Bewohner eines Währungsraums die Löhne und Preise nachvollziehen können, auch wenn, wie in einem Staat, nicht überall die gleichen Preise und Löhne gelten können, auch wenn die Konsumenten Bürger verschiedener Staaten sind und bleiben.

Der Gedanke erscheint verlockend, die Vorteile, die der Euro für die teilnehmenden Länder gebracht hat, auf die globale Ebene zu projizieren und die Möglichkeiten einer Einheitswährung auszuloten. Jedenfalls drängt sich als dominierendes Merkmal einer Weltwährung die Berücksichtigung der PPP, der Kaufkraftparität, auf. In weiterer Folge wäre es nicht möglich, dass Unternehmen Löhne nützen, die nur 200 Euro entsprechen, weil man mit 200 Euro in dem betreffenden Land leben kann, und mit diesem Kostenfaktor in Hochpreisländern punkten. Einer der großen Nachteile der Globalisierung könnte mit einer einheitlichen Weltwährung behoben werden.

Kein Vorteil ohne Nachteil: Eine rasche und konsequente Umsetzung einer derartigen Währungspolitik würde die Investitionen in den Entwicklungsländern dramatisch reduzieren. Die Folge wäre, dass diese Länder das bisherige Tempo der Entwicklung nicht halten könnten. In weiterer Konsequenz käme der bereits betonte positive Effekt der Globalisierung nicht oder nur beschränkt zum Tragen, der in der Schaffung eines weltweit hohen Entwicklungsniveaus mit entsprechend attraktiven Einkommen besteht, die eine bisher ungeahnte Nachfrage ermöglichen.

Der forcierte Weg in eine einheitliche Weltwährung würde somit nicht nur die negativen Erscheinungen dämpfen, sondern auch die positiven Effekte unterbinden, sodass diese Zusammenhänge den Einwand von Mundell gegen eine Aufwertung der chinesischen Wirtschaft stützen.

Vorerst erscheint somit die am Beispiel der USA aufgezeigte Reaktion vordringlich: Die entwickelten Industriestaaten müssen ihre Kosten senken, bei ihren Produkten und Dienstleistungen ein Niveau erreichen, das auch hohe und höchste Preise rechtfertigt, und sich um eine konstruktive Aufgabenteilung mit den aufstrebenden Ländern bemühen. Die unvermeidlichen Belastungen sind gleichsam als Investitionen in eine globale, bessere Zukunft zu verstehen, die ein allgemein hohes Entwicklungsniveau zeitigen wird.

Allerdings ist das Entweder-oder nicht angebracht. Zwischen der Schaffung einer Weltwährung, die den Kaufkraftparitäten Rechnung tragen würde, und der Praxis, mit Hilfe künstlich niedrig gehaltener Währungskurse Exportvorteile zu erzwingen, sollte doch die Umsetzung einer flexiblen Währungspolitik möglich sein.

Die Aufwertung des Währungsfonds

Die Koordination der Kursentwicklung

Gefordert wäre der Internationale Währungsfonds, der mit einer besseren Abstimmung der Währungskurse betraut werden sollte. Diese Forderung klingt wie ein Anachronismus. Tatsächlich ist das System fixer Wechselkurse bereits 1971 zusammengebrochen und hat letztlich einer Freigabe der Kurse Platz gemacht. Auch die Abstimmung der europäischen Währungen, die in den Vorphasen des Euro ein Auseinanderdriften der Kurse verhindern sollte, gehört der Vergangenheit an. Zu erwähnen wäre vielleicht noch die Koordination des Euro mit den nicht am Euro teilnehmenden europäischen Währungen. Grundsätzlich ist aber von einem freien Spiel der Währungskurse auszugehen. Diese Freiheit hat allerdings einen außerordentlich schalen Beigeschmack, wenn zahlreiche Länder ihren Währungskurs aufgrund wirtschaftspolitischer Interessen dekretieren.

An dieser Stelle erhebt sich allerdings die Frage, wie denn der Währungsfonds die Autorität erhalten soll, Währungskurse durchzusetzen. In der Periode von 1944 bis 1971, in der das Bretton-Woods-Abkommen gegolten hat, herrschten andere Verhältnisse. Die einzig relevante Weltwährung war der Dollar, sodass letztlich nur die Maßnahmen der US-Währungsbehörden wirksam waren. Innerhalb des IWF-Systems galt für jede Währung die jeweils fest geschriebene und nur durch formelle Auf- und Abwertungsbeschlüsse korrigierbare Relation zum Dollar. Ein entscheidendes Element des Systems war die Zusicherung der USA, auf Wunsch jederzeit jeden Dollar gegen Gold zu tauschen. Diese Verpflichtung war besonders im Hinblick auf die Tatsache bedeutsam, dass der Dollar für alle Nationalbanken die bestimmende Reservewährung bildete. Das Weltwährungssystem beruhte somit in der Praxis auf dem Dollar, war aber darüber hinaus durch die Goldreserven der USA abgestützt. Diese Zusage hoben die USA 1971 auf und entzogen damit dem Bretton-Woods-System eine der wesentlichen Grundlagen. In der Folge konnten keine festen Umrechnungskurse mehr durchgesetzt werden. Die im Bretton-Woods-Abkommen 1944 eingegangene Verpflichtung, Dollar gegen Gold zu tauschen, hatte der französische Staatspräsident Charles de Gaulle 1968 in Anspruch genommen. Der Goldtransfer nach Frankreich war das warnende Signal für die USA, dass ähnliche Aktionen anderer Staaten sehr rasch die Goldreserven dezimieren würden.

Die USA haben bereits in der Zeit von 1944 bis 1971 den eigenen Interessen Vorrang vor einer weltweiten Verantwortung für die Währungspolitik eingeräumt. Seit 1971 herrscht die Einstellung vor, die man im Englischen als „benign neglect“ bezeichnet, ein Begriff, der unzulänglich mit „wohlwollender Gleichgültigkeit“ übersetzbar wäre.

Hier sei wieder an die achtziger Jahre des zwanzigsten Jahrhunderts erinnert. In der ersten Hälfte verzeichnete der Dollar einen Höhenflug, der den japanischen Unternehmen die Eroberung des US-amerikanischen Marktes entscheidend erleichterte. In der zweiten Hälfte dieses Jahrzehntes verstand es die US-Währungspolitik sehr geschickt, den Dollar-Kurs kräftig nach unten zu drücken und so die Importe in die USA erheblich zu erschweren. Damit wurde eine Art Schutzwall für die US-Wirtschaft gebildet, die sich in dieser Zeit einer umfassenden Erneuerung widmete.

Somit ist zu bezweifeln, dass die USA gewillt sind, wieder eine bestimmende Rolle in einem koordinierten Weltwährungssystem zu übernehmen. Zumal in einer Koordination naturgemäß die Gewohnheit, im Alleingang eine Politik zu betreiben, die vor allem den USA nützt, nicht aufrechterhalten werden kann.

Zu fragen ist auch, ob in einer liberalisierten Weltwirtschaft die Schaffung einer neuen Weltwährungsordnung überhaupt möglich ist. Jedenfalls kann eine derartige Initiative nur erfolgreich sein, wenn die USA, die EU und Japan eng zusammenarbeiten. Eine derart geschlossene Phalanx könnte die Kraft entwickeln und Bedingungen schaffen, die die kleineren Währungen zur Disziplin zwingen müssten. Da sich aber die drei großen Wirtschaftsblöcke im harten Wettbewerb miteinander befinden, ist dieses Konzept kaum realisierbar.

Die „Großen" übersehen allerdings, dass die Bedrohung nicht vom jeweils anderen hoch entwickelten Block kommt, sondern von den aufstrebenden Entwicklungsländern. Eine enge Kooperation würde zumindest interessante Perspektiven eröffnen.

Eine Phalanx der drei Großen

Wie könnte eine derartige Kooperation aussehen? Die drei großen Blöcke würden eine Bandbreite – im Jargon der europäischen Währungspolitik vor dem Euro sprach man von „Schlange" – vereinbaren, die die Grenzen für die Kursschwankungen zwischen Dollar, Euro und Yen bestimmen. Damit wäre für einen Großteil der grenzüberschreitenden Transaktionen weltweit das Kursrisiko minimiert. Alle anderen Währungen würden sich in Relation zu dieser dominanten Trias befinden, die als eine Art Einheitswährung agieren könnte. Die Trias hätte im Rahmen des Währungsfonds Referenzkurse für alle anderen Währungen festzulegen. Diese sollten auch durch die Marktmacht der drei Großen in den meisten Fällen auf den Devisenmärkten durchgesetzt werden. Man darf sich nicht der Illusion hingeben, dass ein derartiges System perfekt funktionieren würde, es sollte aber einen entscheidenden Beitrag zur Stabilisierung der Kurse leisten.

Der Währungsfonds hat zudem eine unbestrittene Machtposition: Zahlreiche Länder benötigen vom Währungsfonds und seiner Schwesterinstitution, der Weltbank, umfangreiche Kredite. Diese werden jeweils nur unter bestimmten Bedingungen gewährt. Auf diese Art kommt dem IWF in etwa die Funktion eines Währungspolizisten zu. Und in dieser Funktion könnte der IWF sehr wohl nicht nur auf die Budgetpolitik einwirken, wie dies derzeit vorrangig geschieht, sondern auch auf die Gestaltung der Währungskurse. Diese Tätigkeit, verstanden im Zusammenhalt mit der angesprochenen Koordination der drei großen Blöcke, USA, Europa und Japan, müsste sich segensreich auswirken.

Zwei Punkte seien mit aller Deutlichkeit unterstrichen:

- Hier wird nicht die Illusion vertreten, man könne das Rad der Geschichte zurückdrehen und das Bretton-Woods-System wieder aufleben lassen. Nicht akzeptiert wird allerdings die Einstellung, man habe die Verzerrungen durch unrealistische Währungskurse tatenlos hinzunehmen.
- Die wirtschaftlichen Verhältnisse der verschiedenen Regionen gestatten noch nicht die Einführung einer Weltwährung. Mehr noch: Ein Weltwährungssystem, das Kurse auf der Basis der Kaufkraftparität erzwingt, würde die Entwicklung insgesamt behindern. Eine flexible Anpassung, die die negativen Auswirkungen der Globalisierung mildert, ist aber anzustreben.

Die übertriebene Bekämpfung der Defizite

In seiner Eigenschaft als Währungspolizist konzentriert sich der Währungsfonds auf die Bekämpfung von Budgetdefiziten. Dabei verfolgt der Fonds eine außerordentlich problematische Politik.

Er hält gleichermaßen Länder im Aufbau wie hoch entwickelte Staaten an, die öffentlichen Einnahmen und Ausgaben im Lot zu halten. Dass Staaten mit geringem Sozialprodukt und schwach ausgebauter Infrastruktur eine Verschuldung rechtfertigen können, die bei Staaten mit modernsten Volkswirtschaften abzulehnen ist, wird im IWF kaum berücksichtigt.

Dabei hätte der IWF die Möglichkeit, einer flexiblen und konstruktiven Budget- und Steuerpolitik zum Durchbruch zu verhelfen. Schließlich sind zahlreiche Staaten von der Finanzhilfe des IWF abhängig, nicht zuletzt wird die Einschätzung eines Landes als Schuldner auf dem Markt entscheidend von der Beurteilung durch den IWF bestimmt. Somit wäre in erster Linie die Berücksichtigung der Mittelverwendung und nicht der Saldo der Einnahmen und Ausgaben des Staates zu beachten. Vorrangig sollte jeder Mitteleinsatz an der Effizienz gemessen werden. Erfolgen Ausgaben, die in die Zukunft weisen, die die Qualität einer Volkswirtschaft erhöhen, so sind Steuern wie Schulden zu rechtfertigen. Werden die Mittel verschwendet, dann gilt es, die Ausgabenbremse zu ziehen.

Die Entscheidung zwischen Steuern und Schulden ist keine Prinzipienfrage, sondern muss sich pragmatisch an den Gegebenheiten orientieren. Länder mit einem geringen Sozialprodukt können kein hohes Steueraufkommen generieren, müssen aber die Infrastruktur aufbauen und haben daher einen hohen Finanzierungsbedarf. In dieser Situation die Fremdfinanzierung zu bremsen, bedeutet eine vermeidbare Behinderung der wirtschaftlichen Entwicklung. Bei Staaten mit einer hoch entwickelten Wertschöpfung gilt die umgekehrte Argumentation: Da ist nicht einzusehen, dass Schulden gemacht werden, wenn das Steueraufkommen den Staat finanzieren kann.

In beiden Varianten ist aber jedenfalls ein dogmatischer Zugang abzulehnen, da sich die Wirtschaften nie linear entwickeln und auf konjunkturelle Schwankungen reagiert werden muss: Überhitzungen sind sicher durch Steuererhöhungen, Rezessionen durch Steuersenkungen zu bekämpfen.

Die wenigen Hinweise zeigen, dass der IWF als Autorität und zudem mit Mitarbeitern ausgestattet, die eine einmalige Wirtschaftsexpertise aufweisen, ein weites Betätigungsfeld hätte. Die

Analysen werden gemacht, die Empfehlungen gegeben, im Endeffekt agiert der Fonds aber doch nur wie ein übereifriger Polizist, der gnadenlos Strafmandate ausstellt, wenn ein Staatshaushalt Defizite aufweist. Dem Nobelpreisträger 2001 und Professor an der Columbia University in New York, Joseph Stiglitz (*1943), ist zu danken, dass er auf die Schwächen der Politik des Währungsfonds immer wieder aufmerksam macht. Stiglitz war bis 2000 Chefökonom des Schwesterinstituts des Fonds, der Weltbank, und ist somit ein intimer Kenner des Systems.

Die Illusion der Freiheit

Die Finanzmärkte vermitteln den Eindruck der totalen Freiheit. Milliardenbeträge werden unkontrolliert in Sekunden um den Erdball gejagt. Tausende Devisen- und Wertpapierhändler jonglieren mit den Vermögen von Millionen Anlegern, Banken und Firmen. Die Volumen haben sich längst von der Realwirtschaft entfernt und ein Eigenleben des Finanzbereichs ermöglicht.

Da sich aber Kurs- und Zinsveränderungen auf die Realwirtschaft auswirken und dabei immer wieder negative Konsequenzen auslösen, ertönt in Abständen der Ruf nach Kontrolle. Zudem werden auf den Finanzmärkten oft gigantische Gewinne erzielt, die für Neid sorgen, aber auch die Begehrlichkeit der Finanzminister wecken, die hier unerschlossene Steuerquellen vermuten. Die ebenfalls eintretenden gigantischen Verluste finden in diesem Zusammenhang weniger Beachtung.

Hinter der glitzernden Fassade wirken allerdings nicht nur die Finanzjongleure in einem geheimnisvollen Theater. Auch sie werden gesteuert, nicht von einer Kontrolleinrichtung, wie sie oft gefordert wird, sondern von den Notenbanken. Die Notenbanken entscheiden über die Geldversorgung und beeinflussen die Zinsentwicklung, also die zwei bestimmenden Faktoren der Finanzmärkte. Die Notenbanken gehorchen nicht den Gesetzen des

Marktes, werden nicht von Angebot und Nachfrage bestimmt, sondern von wirtschaftspolitischen Überlegungen, die einige wenige Persönlichkeiten entwickeln. Notenbanken sind öffentliche Institutionen und als solche mit Regierungen vergleichbar.

Somit kann getrost von einer Illusion der Freiheit gesprochen werden, da letztlich die Rahmenbedingungen für den Geldrausch der Märkte von außen kommen. In diesem Zusammenhang sei daran erinnert, dass Notenbanken lange eng an Regierungen gebunden waren und erst in jüngster Zeit und auch nicht in allen Ländern ein hohes Maß an Unabhängigkeit erobert haben. Diese Unabhängigkeit vermittelt den Eindruck der Freiheit, der Teilnahme am Markt. Die Unabhängigkeit wurde auch als Privatisierung der Geldversorgung gefeiert. Der Unterschied gegenüber früher besteht aber nur darin, dass nicht Minister, sondern andere Personen entscheiden, die zudem von Regierungen bestellt werden.

Die tatsächliche, vollständige Freigabe der Geldschöpfung kann auch nicht sinnvoll sein. Jedes entwickelte Finanzsystem hat ohnehin zahlreiche Möglichkeiten der eigenständigen Geldschöpfung, die von der simplen Ausstellung eines Schecks über die Eröffnung von Kreditrahmen bis zu komplizierten Derivaten reichen. Die Wirtschaftspolitik kann die Steuerung in diesem Bereich nicht vollends aus der Hand geben, da sonst jede Inflationsbekämpfung unmöglich wird. Die eindrucksvolle Freiheit ist und bleibt eine beschränkte Freiheit.

Somit haben aber die Notenbanken eine entscheidende Mitverantwortung für die Entwicklung und den Erfolg der Volkswirtschaften. Im Vordergrund steht dabei die Inflationsbekämpfung, die allerdings auch in problematischer Weise betrieben wird.

Das entscheidende Instrument zur Eindämmung der Inflation besteht in der Anhebung der Zinsen. Die Logik dieser Politik ist schlüssig und überzeugend. Die Zentralbanken versorgen die Kommerzbanken mit Geld. Wenn diese Refinanzierung teurer wird, müssen in der Folge auch die Kreditinstitute die Ausleihungen verteuern. Höhere Kreditzinsen bremsen die Bereitschaft zur Neuverschuldung und verringern die verfügbaren Mittel der Schuldner, die bestehende Kredite bedienen müssen. Die Folge ist eine Dämpfung der Nachfrage. In Phasen schwacher Nachfrage steigen im Spiel von Angebot und Nachfrage die Preise nicht oder nur wenig. Also wirkt die Anhebung der Zinsen über den geschilderten Mechanismus als Inflationsbekämpfung.

Diese Zusammenhänge stehen im Vordergrund und verdecken die Tatsache, dass die hier aufgezeigte Kette von Wirkungen nicht allein bestimmend ist. Höhere Zinsen belasten naturgemäß nur Kreditnehmer. Nutznießer sind allerdings die Anleger, die durch die Phasen hoher Zinsen in den Genuss beträchtlicher Gewinne kommen. Die hohen Erträge bescheren den Anlegern eine zusätzliche Liquidität, die selbst als Motor der Inflation wirkt. Selbst wenn diese Mittel sich nicht in einer allgemeinen Preissteigerung niederschlagen, sie sorgen jedenfalls für ein zusätzliches Veranlagungspotenzial, das auf die Finanzmärkte drängt und insbesondere die Aktienkurse in die Höhe treibt. Die geschilderte Technik der Inflationsbekämpfung ist somit eine indirekte Kapitalistenförderung.

Damit nicht genug. Kreditnehmer sind die dynamischen Kräfte einer Volkswirtschaft, da sie das Risiko der Verschuldung auf sich nehmen, um eine Wertschöpfung zu erzielen. Sie sind zudem auch nicht in der Lage, sich aus dieser Rolle zu verabschieden. Sie müssen die Kredite tilgen und verzinsen. Somit sind die Notenbanken gefordert, bei ihrer Zinspolitik zu beachten, dass die Dynamik der Volkswirtschaft nicht gebrochen wird. In Europa hat die Neigung, die Zinsschraube zu stark anzuziehen, Tradition. Diese Tendenz bestand bereits bei der früher dominierenden Deutschen Bundesbank und wurde nahtlos von der Europäischen Zentralbank übernommen.

Nicht zuletzt ist ein weiteres Phänomen zu beachten. Die Abhängigkeit von Krediten ist vor allem bei den zahlreichen Klein- und Mittelbetrieben und den jüngeren Privathaushalten gegeben.

Die entscheidende Rolle dieser beiden Gruppen für eine Gesellschaft kann wohl nicht in Frage gestellt werden und genau diese Gruppen werden von den Zinserhöhungen stets am stärksten getroffen.

Größere Unternehmen verfügen in der Regel über ein entwickeltes Geldmanagement, das ihnen auch in Hochzinsphasen den Zugang zu günstigen Finanzierungen ermöglicht. Viele Unternehmen haben hohe Gewinne und sind daher nicht auf Kredite angewiesen und profitieren im Gegenteil von höheren Zinsen in der Mittelveranlagung. Außerdem finanzieren sich größere Unternehmen über Beteiligungskapital, dessen Verzinsung sich an den Gewinnen orientiert und nicht an Sätzen, die die Zentralbank oder die Kommerzbanken vorgeben. Bei entscheidenden Teilen der Wirtschaft bleibt die Politik der Nationalbank wirkungslos.

Ältere Privathaushalte haben meist die Phase der Verschuldung überwunden: Die Wohnung oder das Eigenheim ist ausbezahlt, die Kinder aus dem Haus, das Einkommen zudem höher als in der Startphase. Zinserhöhungen werden somit nicht als Belastung empfunden, sondern als willkommenes, unerwartetes Zusatzeinkommen, das nicht zuletzt für Anschaffungen verwendet wird. Hier bewirkt die Politik der Notenbanken, die die Nachfrage bremsen soll, das genaue Gegenteil.

Inflation ist nicht gleich Inflation

Auch an einem anderen Beispiel zeigt sich eindrucksvoll, dass die Hochzinspolitik problematisch sein kann. Festzuhalten ist, dass das Rezept funktioniert, wenn eine überhitzte Konjunktur die Preise in die Höhe treibt und eine überwiegend kreditfinanzierte Wirtschaft mit hohen Zinsen in ihrem Expansionseifer gebremst werden soll. Allerdings wird nicht jeder Inflationsschub durch eine überhitzte Konjunktur ausgelöst. Die Preisschübe auf den

Rohstoffmärkten und hier vor allem die plötzlichen und dramatischen Ölpreissteigerungen lösen ebenfalls Teuerungssprünge aus. Diese bewirken aber von sich aus einen Bremseffekt. Versucht die Finanzpolitik der so entstandenen Teuerung durch hohe Zinsen zu begegnen, wird der schon eingetretene Bremseffekt durch die zusätzliche Belastung verstärkt. Erforderlich ist aber in dieser Situation eine größere Wertschöpfung, die die Finanzierung der höheren Ölpreise ermöglichen sollte. Eine Dämpfung des Wirtschaftswachstums durch höhere Zinsen erweist sich in einer derartigen Phase als kontraproduktiv.

Die Notenbanken sind angesichts der vielschichtigen Probleme gefordert, eine flexible Zinspolitik zu betreiben, die versucht, den verschiedenen, einander oft widersprechenden Faktoren Rechnung zu tragen. Welche segensreiche Wirkung eine marktkonforme Zinspolitik haben kann, zeigte von 1987 bis 2006 Alan Greenspan an der Spitze der US-amerikanischen Notenbank Federal Reserve Board. Auch an der Zinsfront könnte sich eine engere, internationale Zusammenarbeit im Rahmen des Währungsfonds als segensreich erweisen.

Der doppelte Zauberlehrling

Die Konzentration der Notenbanker auf die Inflationsbekämpfung ist verständlich und unbedingt zu begrüßen. Die katastrophalen Folgen der verschiedenen Inflationsschübe markieren die dunklen Perioden der Wirtschaftsgeschichte. Zu hinterfragen sind aber sehr wohl die zur Anwendung kommenden Methoden und auch die Zeitpunkte des Einsatzes.

In diesem Zusammenhang steht nicht nur die Zinsentwicklung, sondern auch die Entwicklung der Geldmenge auf dem Prüfstand. Die Mittelversorgung der Wirtschaft ist eine besonders heikle Aufgabe, zumal die Versuche, diese Herausforderung mit ökonometrischen Modellen zu bewältigen, bislang nur beschränkte Erfolge gebracht haben. Nach wie vor ist in erster Linie die Einschätzung durch die Notenbanker maßgeblich.

Bei angemessener Liquidität im Markt löst die Geldmenge keine Inflationseffekte aus. Ist die Geldmenge im Verhältnis zu den realwirtschaftlichen Transaktionen zu groß, dann sinkt unweigerlich die Kaufkraft des Geldes und für den Erwerb jedes einzelnen Produkts und jeder einzelnen Leistung muss eine größere Geldmenge aufgewendet werden. Kurzum, die Teuerung, die Inflation korrigiert den Geldüberschuss. Nur: Die „angemessene" Liquidität, die „entsprechende" Geldmenge sind nicht präzise anzugeben. Hier für das richtige Maß zu sorgen, ist die Aufgabe der Nationalbanken.

Das Wort „Nationalbanken" ist fehl am Platz. Die offenen, international vernetzten Finanzmärkte sorgen auch für eine internationale Liquidität, sodass eine einzelne „National"-Bank nur beschränkte Bedeutung hat. Eine maßgebliche Rolle mag die US-Notenbank spielen, da immer noch der Dollar die Position der führenden Weltwährung hat. Der Euro und der Yen können in bescheidenem Umfang mithalten, doch alle anderen Währungen sind in diesem Zusammenhang nur Randerscheinungen. Für alle stellt sich aber die Frage, ob die Weltwirtschaft mit einer „angemessenen" und „entsprechenden" Liquidität versorgt ist, ob nicht der Geldumlauf einen Störfaktor bildet.

Dabei ist zu beachten, dass nicht nur eine zu große Geldmenge problematisch ist, eine zu geringe Liquidität kann sich als Wirtschaftsbremse erweisen und ebenso schädlich sein wie eine Geldschwemme. Allerdings ist die zusätzliche Mittelversorgung problemlos zu bewerkstelligen, die Reduktion der Liquidität hingegen erweist sich in einem globalen Markt als schwierig.

Auch ist die Entwicklung nicht linear und kontinuierlich. Es ergeben sich immer wieder Phasen, in denen eine großzügige Mittelversorgung notwendig ist. Dies ist in wirtschaftlichen Krisenzeiten der Fall oder im Gefolge von Katastrophen. Auch Bankenkrisen können nur mit der Bereitstellung zusätzlicher Liquidität bewältigt werden: Werden Kreditinstitute, die zahlungsunfähig sind, fallen gelassen, so ziehen sie Millionen Kunden mit in den Abgrund und gefährden ganze Volkswirtschaften. Folglich muss die jeweilige Notenbank die Liquidität sicherstellen, um den Schaden zu begrenzen. In der Folge ist die betroffene Kommerzbank gefordert, möglichst selbst die erlittenen Verluste durch Gewinne wieder auszugleichen. Ist dies nicht möglich, so sind andere Institute aufgerufen, die marode Bank zu übernehmen und zu sanieren.

Die einmal in den Markt gepumpten Mittel sind aber in Umlauf. In der Folge kann das Wirtschaftswachstum dafür sorgen, dass die zusätzliche Liquidität ohnehin benötigt wird, sodass keine negativen Konsequenzen aus der Geldschwemme entstehen. Ist dies nicht der Fall, würde sich ein Abzug der überschüssigen Liquidität empfehlen.

In schwach entwickelten Volkswirtschaften, die nicht Teile eines offenen, globalen Marktes sind, haben die Nationalbanken ein wirksames Mittel: Über den Zwang, Mindestreserven zu halten, die die Banken nicht oder kaum verzinst bei der Notenbank deponieren müssen, kann Liquidität abgeschöpft werden.

In der aktuellen Praxis dominiert aber das Gegenstück zur Schwäche der Zinspolitik. Wenn die Bankeinlagen nur mehr einen Teil des ohnehin vernetzten Finanzmarktes tragen, haben Mindestreserven, die die Verfügbarkeit der Einlagen für Veranlagungen reduzieren, naturgemäß nur eine beschränkte Wirkung. Auf internationaler Ebene könnte ein Abkommen größere Effekte erzielen, das alle Nationalbanken verpflichtet, bei Bedarf und nach Absprache mit allen Partnern, Mindestreserven vorzuschreiben. Auch hier würde sich eine Aufgabe für den Währungsfonds anbieten. Auch hier sollte man sich vor übertriebenen Hoffnungen hüten, aber nichts unversucht lassen.

Die Tatsache bleibt bestehen, dass eine einmal entstandene Überliquidität nur schwer wieder zu korrigieren ist. Somit bietet sich nur ein Korrektiv an und das ist die Inflation. Diese ergibt sich bei übertriebenen Geldmengen durch die Funktionsweise des Geldes und des Geldmarktes von allein.

Auch über Inflation darf diskutiert werden

Die Notenbanken sehen sich einer paradoxen und schwierigen Situation gegenüber. Eine maßvolle Inflation kann durchaus ein notwendiges Korrektiv bilden, um das Gleichgewicht zwischen dem Geldumlauf und den tatsächlich stattfindenden Transaktionen herzustellen. Womit ein Satz formuliert ist, den Notenbanker im Eifer der Inflationsbekämpfung schlichtweg nicht gelten lassen: Inflation kann auch positive Effekte haben. Selbstverständlich ist hier nicht eine kräftige Teuerung von zehn Prozent oder die galoppierende Inflation einer Wirtschaftskrise gemeint. Plädiert wird hier für einen entkrampften Umgang mit der Teuerung, die, wenn sie einige Prozent beträgt, nicht unbedingt schädlich sein muss.

Zu betonen ist außerdem, dass Inflation ein Zeichen für eine lebendige Wirtschaft sein kann. Bei einer dynamischen Entwicklung können die Preis- und Kostenrelationen nicht konstant und nicht perfekt unter Kontrolle gehalten werden. Angesichts der Vorteile eines kräftigen Wachstums und der damit verbundenen höheren Wertschöpfung sollte eine überschaubare Geldentwertung in Kauf genommen werden. Wieder gilt es, Missverständnissen entgegenzuwirken: Hier wird nicht einem sorglosen Umgang mit der Teuerung das Wort geredet, sondern gegen den übertriebenen Eifer bei der Inflationsbekämpfung argumentiert.

Im engen Zusammenhang sind die Teuerung und die Zinsentwicklung zu sehen. Niedrige Inflationsraten sichern eher einen positiven Realzins. Bei einer Inflationsrate von 1,5 Prozent und einem Zinsertrag von 3 Prozent verbleiben dem Anleger immer noch 1,5 Prozent. Steigt die Inflationsrate auf 3 Prozent und die Kapitalverzinsung bleibt bei 3 Prozent, so sorgt der Ertrag nur für die Inflationsabgeltung. Ein weiterer Inflationsschub löst bei gleich bleibenden Zinsen einen Realverlust aus.

Der Realverlust bei Finanzanlagen bedeutet eine schmerzhafte Einbuße, die nicht zu bagatellisieren ist. Allerdings ergeben sich Phasen, in denen den Anlegern der Kauf von Anleihen nicht unbedingt schmackhaft gemacht werden sollte. Dies ist besonders in Phasen geringen Wachstums und einer schwachen Investitionskonjunktur der Fall. Eine unattraktive Verzinsung weckt das Interesse für realwirtschaftliche Investitionen, die volkswirtschaftlich wichtig sind und dem Einzelnen letztlich mehr bringen sollten als der bequeme Kauf von Obligationen.

Diese Argumentation sollte Notenbanker nicht als weiteres Plädoyer für eine sträfliche Laxheit bei der Inflationsbekämpfung entsetzen. Diese Argumentation ist das genaue Gegenstück zur Inflationsbekämpfung durch die Währungshüter: Die Kreditzinsen werden in die Höhe geschraubt, um den Investitions- und Konsumeifer zu bremsen. Hier wird dafür plädiert, bei entsprechenden Rahmenbedingungen den Ertrag aus Anleihen zu drücken, wenn es gilt, die Bequemlichkeit der Anleger zu bekämpfen und das verfügbare Investitionskapital zu produktiveren Einsatzmöglichkeiten zu lenken.

Diese subtile Form, dem hemmungslosen Kapitalismus zu begegnen, findet bei den Notenbanken keinen Anklang, weil sie fürchten, den Zauberlehrling Inflation, einmal losgelassen, nicht mehr einfangen zu können.

Die übertriebene Inflationsbekämpfung, vor allem die mangelnde Flexibilität beim Umgang mit diesem Thema, erweist sich sehr leicht ebenfalls als Zauberlehrling, der Unheil anrichtet. Im Extremfall kippt die Inflationsbekämpfung in die Deflation, die zwar den trügerischen Vorteil von Preissenkungen, aber auch den schmerzhaften Nachteil einer Schrumpfung des Sozialprodukts, folglich Armut und Arbeitslosigkeit bedingt.

Der Humanismus als Basis

Der Kampf gegen den Kapitalismus sollte auf vielen Schauplätzen stattfinden. Im Bereich der Unternehmensführung ist ein differenziertes Verständnis der Personal- und Investitionspolitik sowie eine geänderte Definition des Gewinnbegriffs erforderlich, der Staat muss anders positioniert werden als bisher, an den Wertpapierbörsen ist eine Neukonzeption erforderlich, die Arbeitsmarktpolitik hat sich den aktuellen Verhältnissen zu stellen, die Begriffe Wachstum und Globalisierung verdienen eine adaptierte, aber positive Bewertung. Ob all dies genügen wird, um den Kapitalismus zu korrigieren, um eine Wirtschaftsform zu entwickeln, die dem Ziel „Wirtschaften für Menschen, Wirtschaften für alle Menschen" gerecht wird?

Viel wäre ohne Zweifel erreicht. Allerdings erfordern alle diese Maßnahmen, erfordert der Kampf gegen den Kapitalismus die entsprechende Ausrüstung, die sich auch bei künftigen Herausforderungen bewähren soll. Ohne ein entsprechendes Verständnis des Staates, ohne ein hohes Bildungs- und Ausbildungsniveau der Einzelnen, ohne eine bewusst gelebte Sozial- und Wirtschaftskultur müssen die einzelnen Maßnahmen Stückwerk bleiben.

Die wehrhafte Demokratie

Die Vorzüge der Demokratie bedürfen keiner besonderen Betonung mehr. Der Siegeszug der Staatsform, von der der große britische Staatsmann Winston Churchill (1874–1965) so richtig bemerkte, sie sei zwar mangelhaft, er kenne aber keine bessere, ist weltumspannend. In den Ländern, in denen die Demokratie noch nicht installiert wurde, und das sind nicht wenige, haben die Menschen eine offenkundige Sehnsucht nach Demokratie.

Ohne Demokratie gibt es keine Entfaltung des Einzelnen, gibt es keinen Kapitalismus, aber auch keinen Kampf gegen die negativen Erscheinungen dieser Wirtschaftsform. Ohne Demokratie müsste man für Demokratie und Kapitalismus kämpfen als die beiden entscheidenden Voraussetzungen für Freiheit und Wohlstand. Womit ein Kernproblem angesprochen ist, das gravierende Konsequenzen hat, aber wenig beachtet wird.

Demokratie und Kapitalismus haben sich primär als Negation von Diktatur und Staatswirtschaft entwickelt und dieser Zugang ist auch weiterhin wesentlich. Allerdings genügt die Negation nicht mehr, wenn der negierte Zustand überwunden ist. In demokratischen Staaten mit kapitalistischen Wirtschaftssystemen wäre die Verankerung der Inhalte in der Bevölkerung vordringlich. Am Beginn dieser Analyse wurde betont, dass Kapitalismus sich als eher diffuser Begriff erweist, der sogar manchmal in die Nähe der Anarchie gerückt wird. Ein ähnliches Phänomen erleidet die Demokratie, wenn der Einzelne nur Rechte und keine Pflichten kennt und wenn Feinde der Demokratie das freie Wahlrecht missbrauchen, um die demokratischen Institutionen zu unterwandern.

In diesem Zusammenhang sei an die These erinnert, dass die mörderischen Diktaturen des zwanzigsten Jahrhunderts, der Nationalsozialismus, der Kommunismus und der Faschismus nicht an die Macht gekommen wären, wenn die Wirtschaft in der Zeit zwischen 1918 und 1938 für Wohlstand gesorgt hätte. Diese ohne Zweifel berechtigte These enthält allerdings eine erschreckende Aussage: Demokratie gibt es nur bei vollen Bäuchen.

Ist damit gesagt, dass die solide Demokratie, die Westeuropa seit 1945 genießt, nur darauf zurückzuführen ist, dass in dieser Zeit keine größere Wirtschaftskrise aufgetreten ist? Muss man befürchten, dass wirtschaftlich schlechte Zeiten wieder den Weg für Diktaturen bereiten? Sollte dies der Fall sein, so leben viele Demokratien auf einem Pulverfass. Die Vertreter der hier angesprochenen These verweisen auf Großbritannien, das auch in Krisenzeiten die demokratischen Grundsätze hochhält. Dies sei, so wird argumentiert, ein Ergebnis der jahrhundertealten demokratischen Tradition, die in Kontinentaleuropa fehle.

Die Demokratien sind folglich gefordert: Es gilt dafür zu sorgen, dass die demokratisch-freiheitlichen Grundsätze für die Bevölkerung zur Selbstverständlichkeit werden. Nur auf diese Art ist sicherzustellen, dass in Krisenzeiten Demagogen keine Chancen haben. Kontinuierliche Werbung für die Demokratie kann getrost als Krisenvorsorge bezeichnet werden.

Allerdings müssen sich auch die Institutionen ständig einer Überprüfung ihrer demokratischen Verlässlichkeit stellen. In diesem Zusammenhang fällt auf, dass nur in einigen Verfassungen der Begriff der „wehrhaften Demokratie“ verankert ist. „Wehrhafte Demokratie“ bedeutet, dass sich ein demokratischer Staat gegen Angriffe auf seine demokratischen Grundsätze zur Wehr setzt. Dieses Prinzip ist gefordert, wenn Bewegungen oder Parteien auf den politischen Plan treten, die die Demokratie in Frage stellen und eine andere Staatsform propagieren. Für derartige Bewegungen gilt bei wehrhafter Demokratie das Recht auf freie politische Aktivität nur eingeschränkt. Die Demokratie kann sich nur dann selbst aufgeben, wenn die gesamte Bevölkerung für eine andere Staatsform eintritt. Wenn aber auch nur Minderheiten auf die Wahrung ihrer Rechte pochen, die allein in der Demokratie Berücksichtigung finden können, muss die Demokratie die Freiheit jedes Einzelnen verteidigen und Angriffe abwehren.

Wie diese Abwehr erfolgen soll, ist immer wieder Gegenstand von Diskussionen. So sieht die „wehrhafte Demokratie“ die Möglichkeit vor, Parteien und Organisationen zu verbieten. Allerdings treiben Verbote die Feinde der Demokratie in die Illegalität, sodass die Auseinandersetzung und Bekämpfung erschwert wird. Dieser Umstand veranlasst viele Länder, auch die Aktivitäten von

Gruppierungen, die die Demokratie abschaffen oder einschränken wollen, nicht zu unterbinden. Als pragmatische Lösung erweist sich die Vermeidung von generellen Verboten, aber die Verhinderung des Einzugs in das Parlament.

Das schlechte Beispiel der EU

Im Vordergrund sollte ein vorbildliches Verhalten der demokratischen Politiker stehen. In diesem Zusammenhang liefert allerdings die Europäische Union ein denkbar schlechtes Beispiel.

Einer der entscheidenden Grundsätze der Demokratie ist wohl die von Montesquieu (1689–1755) in seinem Werk „De l'esprit des lois" geforderte Gewaltentrennung. Das Parlament wird direkt vom Volk gewählt und beschließt daher auch die Gesetze. Die Regierung ist für die Verwaltung des Landes und die Anwendung der Gesetze zuständig. Die Richter sprechen Recht. Die Gewaltentrennung sichert eine konstruktive Dialektik und Kontrolle.

Die moderne Entwicklung der Staaten hat die Notwendigkeit weiterer Institutionen deutlich gemacht, die für ein entsprechendes Spannungsverhältnis und die Wahrung demokratischer Grundsätze sorgen. Parlamente werden nur in Abständen von vier oder fünf Jahren gewählt und die Bürger geben für die Dauer der Legislaturperiode ihre Hoheit über den Staat an die gewählten Vertreter ab. Allerdings wollen die Bürger auch während der Legislaturperiode ihre Anliegen formulieren, sodass Interessenvertretungen, wie etwa die Wirtschaftskammern oder die Gewerkschaften, die drei von Montesquieu definierten Säulen ergänzen. Damit nicht genug. Macht braucht auch in der Demokratie Kontrolle, die von den Medien aktiv ausgeübt werden sollte.

Demokratie lebt vom Spannungsverhältnis zwischen den Gruppen und von Entscheidungen, die nie alle zufrieden stellen, aber von allen getragen werden können.

In der Europäischen Union ist allerdings nicht einmal die primäre von Montesquieu eingeforderte Gewaltentrennung umgesetzt. Es gibt zwar ein Parlament, das sich aber mit eingeschränkten Kompetenzen begnügen muss. Die tatsächlichen Entscheidungen im legislativen Bereich treffen die Vertreter der Regierungen der Mitgliedsstaaten im so genannten „Rat" der Regierungschefs oder den „Ministerräten" der Ressortverantwortlichen. Somit wird das System pervertiert: Jene, die in ihren Ländern korrekterweise keine Gesetze beschließen dürfen und das jeweilige Parlament zu respektieren haben, schaffen gesetzliche Regelungen auf EU-Ebene. Diese legislativen Akte bestimmen in der Folge entscheidend die Beschlüsse der nationalen Parlamente. Um das Maß voll zu machen, erfolgen viele Beschlüsse der Regierungsvertreter in der EU hinter verschlossenen Türen und ohne öffentliche Diskussion und ohne Begutachtung durch die Betroffenen. Bemühungen, dieses System zu beseitigen, wurden bislang stets von den nationalen Regierungen unterbunden, ungeachtet ihrer jeweiligen Zugehörigkeit zu einer politischen Partei.

Die EU-Kommission wird in der Öffentlichkeit als eine Art Regierung erlebt, ohne diese Funktion aber ausfüllen zu können. Dies verhindern ebenfalls die nationalen Regierungen, die peinlich genau darauf achten, dass die EU nur eine Union bleibt und sich nicht zu einem Bundesstaat entwickelt. Somit ist die Kommission in erster Linie ein Impulsgeber, der versucht, die legislativen Prozesse zu beeinflussen, die schwer durchschaubar im Parlament und den Ministerräten zustande kommen.

Dieses chaotische Gebilde ist wahrlich nicht als Demonstrationsobjekt für eine funktionierende Demokratie geeignet. Angesichts der Notwendigkeit, die demokratischen Grundsätze stärker in der Öffentlichkeit zu verankern, ist die in der Europäischen Union gelebte Praxis besonders scharf zu verurteilen. Frivol ist die wortreich zum Ausdruck gebrachte Verwunderung über die mangelnde Begeisterung der Bürger für die EU. Der Einzelne kann nicht erkennen, wer wofür zuständig ist. Er ist nicht in der Lage, seine demokratischen Rechte auszuüben, aber er muss sich ständig Entscheidungen beugen, die in dem geschilderten Dschungel der EU entstanden sind. Da ist nicht die weit verbreitete Skepsis erstaunlich, da sollte man sich vielmehr wundern, dass die Proteste nicht lauter ausfallen.

Toleranz – Der Schlüssel zur Demokratie

Das entscheidende Wesensmerkmal der Demokratie ist die Toleranz. Toleranz ganz allgemein verstanden als Respekt für den anderen. Im Bewusstsein, dass jeder Einzelne er selbst und für die anderen der andere ist, dass also Toleranz nie eine Einbahnstraße bildet.

Dieses Grundprinzip wirkt auf allen Ebenen. Der Respekt des Einzelnen für den anderen, die Rücksichtnahme einer Interessengruppe auf die Anliegen der anderen, die Wertschätzung einer Partei für die andere, einer Volksgruppe für die andere, einer Religionsgemeinschaft für die andere.

Das Bekenntnis zu Toleranz findet kaum Ablehnung. Allerdings wird unter Toleranz meist nur die Duldung des anderen und nicht der Respekt für den anderen verstanden. Die Duldung besagt, dass der Andere seinen Vorstellungen entsprechen mag und man ihn deswegen nicht vernichten will. Die Duldung bedeutet aber, dass man von der eigenen Position nicht abrückt. Diese Haltung wird als Toleranz im Gegensatz zur Verfolgung politischer Gegner oder Andersgläubiger verstanden und stellt auch sicher einen Fortschritt dar.

Es war schon zu betonen, dass Demokratie in erster Linie als Negation diktatorischer oder totalitärer Staatsformen verstanden wird. Erforderlich wäre aber die Affirmation, das bewusste und gelebte Bekenntnis zur Demokratie und die stärkere Verankerung in der Bevölkerung. Dieser Grundsatz gilt auch für die Toleranz.

Es genügt nicht, den anderen zu dulden, aber in der Überzeugung zu verharren, dass man selbst den richtigen Weg kennt, sei es im Bereich des Privatlebens, der Politik, der Religion oder in der Wirtschaft. Toleranz umfasst auch die Bereitschaft, vom anderen zu lernen, durch den anderen den eigenen Weg in Frage stellen zu lassen und sich selbst in die konstruktive Auseinandersetzung mit dem anderen einzubringen.

Toleranz hat allerdings in diesem Verständnis einschneidende Konsequenzen, die sich bei der simplen Duldung nicht ergeben. Toleranz als Respekt für den anderen bedeutet, dass jeder Einzelne seinen Weg nur als eine Möglichkeit versteht und somit die Wege aller anderen ebenfalls richtig sein können. Der Anspruch, die Wahrheit zu besitzen, ist unter diesen Vorgaben nicht aufrecht zu erhalten. Dieser Umstand stößt vielfach auf Unverständnis, da die Überzeugung, der eigene Weg sei der einzig richtige, dominiert. Der hier vertretene Toleranzbegriff wird verschiedentlich sogar als lebensfremd empfunden, weil der Einzelne in dem geforderten Zweifel an der Richtigkeit seiner Position nicht existieren könne. Es sei doch notwendig, von seinem Tun und Denken überzeugt zu sein.

An diesem Punkt erweist sich das mangelhafte Verständnis für Demokratie. Der Respekt für den anderen, die Anerkennung der Möglichkeit, dass der Weg des anderen auch seine Berechtigung haben kann, bedeutet keineswegs den Verzicht auf die eigene Überzeugung. Im Gegenteil, nur wenn Ansicht auf Ansicht trifft, kommt ein konstruktiver Dialog zustande, ist eine Entwicklung möglich. Wenn von vornherein jeder jedem Recht gibt, versinken alle in einem diffusen, persönlichkeitslosen Meinungsbrei. Gefordert ist somit nicht der Verzicht auf die eigene Meinung, sondern die Bereitschaft, diese Meinung auch zu vertreten, durch Argumente zu verteidigen und gegebenenfalls zu korrigieren. Korrektur bedeutet aber, dass die eigene Meinung bereichert wird, sich noch besser verteidigen lässt. Korrektur bedeutet nicht Aufgabe der Eigenständigkeit.

Religionen erheben in der Regel den Anspruch, die Wahrheit zu kennen, und lehnen es daher ab, sich dem hier vertretenen Toleranzbegriff anzuschließen. Auch politische Parteien haben Schwierigkeiten mit der Toleranz, wenn ideologisch begründete Positionen in Frage gestellt werden. Das Problem reicht bis in die Privatsphäre, wenn sich überlieferte Verhaltensweisen als unhaltbar erweisen.

Die Verteidigung der eigenen Position besteht nicht nur im Versuch, Recht zu behalten. Eine entscheidende Rolle spielt auch die Identität, die man wahren möchte. Dabei wird die Illusion gepflegt, dass Identität eine tatsächlich fassbare, gegebene Summe von Charakteristika eines Menschen, eines Volkes, einer Stadt, einer wie immer gearteten Gemeinschaft bildet. Nicht beachtet wird in der Identitätsdiskussion, dass die Identität jedes Einzelnen und jeder Gruppe einem ständigen Wandel unterworfen ist. Unmerklich im Augenblick, aber deutlich erkennbar im Rückblick erfolgen kontinuierlich Veränderungen. Die Identität hängt somit nicht an den Eigenschaften und Verhaltensweisen, sondern am Einzelnen und an der Gruppe. Es ist immer nur die betreffende Person, die die Identität hat, sie selbst zu sein, ihre Persönlichkeit ist aber keine fixe Größe. Das Gleiche gilt für eine Gruppe oder eine Stadt.

Die Anerkennung des umfassenden Toleranzbegriffs ändert an diesen Umständen nichts. Auch ohne Toleranz nehmen jeder Einzelne und jede Gruppe Impulse auf und verändern sich. Toleranz als konstruktive Auseinandersetzung mit anderen bewirkt somit keine Gefährdung, sondern eine Stärkung der Identität. Die Auseinandersetzung zwingt zur Formulierung der Argumente für die eigene Position, also für die gegebene Identität.

Wenn der Dialog zur Korrektur der eigenen Position führt, dann ist dies ein bewusster Prozess, der die Identität reifen lässt. Im Gegensatz zu den unbewusst und unbemerkt ständig erfolgenden Veränderungen.

Die unverzichtbare Bildung

Die Voraussetzung für eine funktionierende Demokratie, die sich gegen die Feinde der Demokratie zur Wehr setzt, die Toleranz lebt und sich einer ständig verändernden Identität stellt, ist eine solide Bildung.

„Solide" verstanden als haltbar und widerstandsfähig. Diese Voraussetzungen erfüllt Bildung nur, wenn die Schule den Umgang mit dem Widerspruch pflegt und Zusammenhänge bewusst macht. Gefordert ist die Bearbeitung zahlreicher Beispiele, an denen Gegensätze aufgezeigt werden können und müssen, das Für und Wider der verschiedenen Positionen zu erläutern sind und dabei jede Seite so behandelt werden muss, als ob sie allein für sich bestehen könnte. Ebenso gilt es, die verschiedenen Faktoren zu bestimmen, die zu den einzelnen Positionen und letztlich zum Konflikt geführt haben. Im Konflikt sind die entscheidenden Ereignisse aufzuzeigen, die die Entwicklung bestimmt haben. Dieses Training ist an vielen Disziplinen festzumachen. Da eignen sich Ideologien, die einander diametral gegenüberstehen, ebenso wie historische Konfrontationen, wobei beliebig jedes Jahrhundert herangezogen werden kann. Die Literatur bietet ein reiches Feld für die Entwicklung einer Bildung, die man in der Tradition der humanistischen Pädagogik verstehen kann.

Das Ziel dieser Erziehung muss die Fähigkeit sein, Probleme zu definieren, zu analysieren und Lösungen zu erarbeiten. Somit ist die Technik des Denkens, der Dialektik, der Analyse und der Synthese gefordert. Diese Themen geraten durch den vielfach geforderten Vorrang der Ausbildung, die unmittelbar im Berufsleben anwendbar sein soll, oft in den Hintergrund. In der Praxis zeigt sich aber, dass jede konkrete Ausbildung sehr bald ergänzt und erneuert werden muss, da der technische Fortschritt die gelehrten Maximen jedenfalls verändert und vielfach sogar ungültig werden lässt. Die Fähigkeit, Neues zu lernen, also jene Fähigkeit, die die Bildung vermittelt und in der Ausbildung nicht ausreichend erworben wird, erweist sich folglich als krisenfester. Die hier im Interesse von Demokratie und Toleranz geforderte Bildung steht somit nicht im Widerspruch zur Notwendigkeit, sich im Wirtschaftsleben zu behaupten.

In der traditionellen humanistischen Bildung spielte die Kenntnis der Geschichte, der Philosophie und der Literatur sowie der antiken Sprachen die entscheidende Rolle. Die Logik und die Mathematik waren zwar integrierende Bestandteile des Systems, doch konnte sich der Einzelne mit einigen elegant angebrachten Zitaten, möglichst auf Latein oder Altgriechisch, über eine Lücke in seiner Argumentation hinwegretten. Der Siegeszug des Computers hat eine neue Dimension des Denkens erzwungen. Die Geräte funktionieren nur, wenn die Logik der Programme peinlich genau berücksichtigt wird. Eine intellektuelle Arabeske hilft nicht, wenn die erforderliche Abfolge verletzt wird. Somit vermitteln die Computer den Generationen, die mit der elektronischen Welt aufwachsen, eine hohe Denkdisziplin und erziehen wirkungsvoll auch die Älteren. Die Durchdringung aller Lebensbereiche mit Computern sorgt folglich nicht, wie vielfach beklagt wird, für einen Verlust an Kultur. Im Gegenteil.

Fordern statt überfordern

Der Verlust an Kultur ist nicht den Computern anzulasten, sondern einer Neuorientierung der Pädagogik, die in der Zwischenkriegszeit 1918–1938 ihren Anfang genommen und die zweite Hälfte des zwanzigsten Jahrhunderts bestimmt hat. Zwei Grundsätze waren und sind bestimmend: „Fördern statt fordern“ und „Weg mit dem Wissensballast“. Beide haben zu folgenschweren Missverständnissen geführt.

Das Motto „Fördern statt fordern“ entstand als berechtigte Kritik an der im neunzehnten Jahrhundert gegebenen Tendenz der Pädagogik, die Kinder zu überfordern. Dieser Fehlentwicklung wäre aber besser mit einem anderen Korrektiv zu begegnen gewesen: Mit „Fordern statt Überfordern“ würde man auf die Möglichkeiten der Schüler stärker Rücksicht nehmen und bessere Leistungen erzielen. Die Förderung neigt immer dazu, auch dem inneren Widerstand und der Neigung zur Bequemlichkeit der Schüler Rechnung zu tragen, die beide nie gute Lehrmeister sind. Auch führt das Fordern zur notwendigen Klarheit, zum befriedigenden Erfolgserlebnis oder zum enttäuschenden Misserfolg, der den Auftakt zum nächsten Versuch bilden muss.

„Weg mit dem Wissensballast“ ergab sich ebenfalls als legitime Reaktion auf eine Schule, die die Kinder mit einer Vielzahl von Kenntnissen überfrachtet hat. In der Folge kam es zu einer Streichung von Themen, die sicher berechtigt war, aber auch zur Reduktion der Anforderungen. Dabei wäre vielmehr eine Steigerung der Anforderungen im Hinblick auf die Stärkung der Lernfähigkeit und der konsequenten Denkdisziplin erforderlich gewesen.

Das Gebot der Stunde bestünde in einer Renaissance der humanistischen Bildung, fokussiert auf das Training der Dialektik von These, Antithese und Synthese, diszipliniert durch die gnadenlose Logik der Computer und anerkannt durch eine Berufswelt, die in der ständigen Veränderung flexible Mitarbeiter braucht, die vor allem lernfähig sind.

Diese intellektuelle Basis würde auch den Umgang mit dem Internet erleichtern. Der problemlose Zugang zu einer enormen Vielfalt an Informationen hat das Wort von der Informationsgesellschaft entstehen lassen. Tatsächlich bedeutet das Internet für viele nur eine unübersehbare Flut von Mitteilungen, die kaum einzuordnen und daher schwer verwertbar sind. Nur mit dem entsprechenden Rüstzeug sind die Möglichkeiten des Internets nutzbar.

Die hier skizzenhaft aufgezeigten Probleme der Pädagogik machen die großen Herausforderungen der Bildungspolitik in den entwickelten Staaten deutlich.

Die globale Problematik wird aber erst angesichts des erschreckenden Analphabetismus erkennbar, der Milliarden Menschen von jeder Bildung fern hält und sie hilflos der Willkür von Diktatoren und den Lügen von Demagogen aussetzt. In vielen Ländern sind mehr als fünfzig Prozent der Bevölkerung nicht in der Lage, zu lesen und zu schreiben. Es gibt aber auch für jene, die lesen und schreiben können, nur beschränkte Möglichkeiten der Entfaltung. Die in diesen Ländern meist agierenden Diktatoren dulden keine geistige Auseinandersetzung, die ihre Autorität in Frage stellen könnte. In diesem Umfeld entsteht ein sehr praktisches Problem: Die international verfügbare Literatur wird nicht angeboten, es kommen auch keine Übersetzungen und Bearbeitungen zustande, kurzum, auch die Gebildeten leiden unter einem erschwerten Zugang zur aktuellen geistigen Entwicklung.

Ohne Demokratie, ohne Toleranz, ohne Bildung, ohne geistiges Leben ist aber auch der Kampf gegen den Kapitalismus kaum zu führen. Nur die Selbstständigkeit des Einzelnen, seine Fähigkeit, sich als unabhängige Persönlichkeit zu profilieren, und seine Qualifikation als unverzichtbare und somit teure und daher nicht ausbeutbare Arbeitskraft sorgen für das gesellschaftliche Gleichgewicht, in dem der Kapitalismus das notwendige Korrektiv erfährt.

Der Kampf gegen den Kapitalismus

Der Kapitalismus erweist sich als der Versuch, den Missbrauch des Liberalismus und der sozialen Marktwirtschaft zu rechtfertigen. Als Vehikel dient den Kapitalisten der Hinweis, dass der Marxismus versagt habe. Die Botschaft ist einfach: Man überlasse den Kapitalisten die Welt und alles werde sich von selbst regeln. Warum? Man habe doch gesehen, wohin Eingriffe in die Freiheit des Marktes führen.

Dieser Perversion der Marktwirtschaft gilt der Kampf. Somit liegt die Annahme nahe, dass es sich in erster Linie um einen Kampf gegen die Kapitalisten handle, also um jene, die die Möglichkeiten des Marktes missbrauchen. Auch eine Art Robin-Hood-Mentalität könnte sich hinter der Aufforderung zum Kampf gegen den Kapitalismus verbergen. Oder gar die Überlegung, die sozialistische Staatswirtschaft wäre vielleicht doch die bessere Variante. Zu allen drei Thesen: Ein deutliches Nein.

Die Kapitalisten, verstanden als hemmungslose Abenteurer, die nur die Steigerung der Gewinne kennen und keine Rücksicht auf Arbeitnehmer oder Mitbewerber nehmen, mögen getrost ihren Neigungen folgen. Sie sind ein unverzichtbarer Faktor im Markt, sie sind jene Entrepreneurs, ohne die die Wirtschaft erstarren würde.

Der Kampf gegen den Kapitalismus gilt dem sich immer mehr verbreitenden Irrtum, dass der Kapitalismus eine Wirtschaftstheorie sei, die die Basis für ein tragfähiges System bilde. Diesem Irrtum ist entgegenzuhalten: Das Prinzip des „jeder gegen jeden" und „jeder nach seinem Gutdünken" bedeutet nur Anarchie und verhindert jedes gesellschaftliche Leben und nimmt jedem Staat die Basis.

Die Aufforderung zum Kampf gegen den Kapitalismus ist keine Aufforderung zur Jagd auf die Kapitalisten und auch keine weinerliche Anbiederung an die Kapitalisten, sie mögen sich doch menschlich und sozial verhalten. Die Aufforderung zum Kampf gegen den Kapitalismus ist ein Appell an die Arbeitnehmer, sich zur Wehr zu setzen, an die Staaten, sich nicht zu Marionetten der Kapitalisten degradieren zu lassen, an jene Unternehmer, die nicht nur die Gewinnmaximierung als Ziel kennen, ihren Weg als den besseren zu verteidigen. Ein Missverständnis hat sich in der Gesellschafts- und Wirtschaftspolitik breit gemacht. Die Einsicht, dass Kapitalisten notwendig und unverzichtbar sind, hat die Tatsache verdeckt, dass die Kapitalisten ein Korrektiv, einen Gegenpol benötigen.

Der Liberalismus und die freie Marktwirtschaft können nur erfolgreich sein, wenn der Kapitalismus nicht als Lösungsmodell und die Kapitalisten nicht als die Retter der Menschheit verherrlicht werden. In diesem Sinne ist der Gewinn als unverzichtbares Element des Wirtschaftens außer Streit, aber nicht das einzige Erfolgskriterium. Der Staat darf nicht übermächtig werden, aber sich auch nicht als gestaltender Faktor abmelden. Die Börse bildet eine segensreiche Einrichtung, wenn sie nicht zum Casino verkommt, in dem inexistente Werte gehandelt werden. Die Einbeziehung von Milliarden Menschen in die Wohlstandsgesellschaft im Rahmen der Globalisierung ist eine großartige Entwicklung von historischer Dimension, die nicht durch Gedankenlosigkeit und einem falsch verstandenen „Laisser-faire" in Frage gestellt werden darf.

Die Verwirrung der gesellschaftlichen Relationen wird besonders deutlich, wenn weltweit die Spenden von Milliardären gefeiert werden, die am Zenit ihres Erfolgs soziale Taten setzen. Sozialpolitik kann nicht von der Laune einiger Kapitalisten abhängen, die zufällig einen Teil ihres Vermögens frei verfügbar haben und zufällig eine karitative Ader in sich entdecken oder vielleicht auch nur ganz banal ihr Image polieren und als

Wohltäter in die Geschichte eingehen wollen. Es ist Aufgabe der Politik, den Kapitalisten den erforderlichen Freiraum zu eröffnen, damit sie sich entfalten, ihre Unternehmen entwickeln und reich werden können. Es ist aber ebenso Aufgabe der Politik, für die angemessene Umverteilung des Reichtums zu sorgen und nicht dankbar zu applaudieren, wenn Spenden gewährt werden.

Bemerkenswert ist, dass eine besondere Form des Wirtschaftens nicht stärker verbreitet ist: das Genossenschaftswesen. Im Gegenteil, man hat eher den Eindruck, dass sich die ohnehin nicht sehr stark verbreitete Kooperative auf dem Rückzug befindet. Dabei entsprechen die Grundsätze genau jenen Forderungen, die sich aus der Kritik am Kapitalismus aufdrängen. Der Einzelne ist eigenverantwortlich gefordert, sich zu behaupten. Er ist aber in die Gemeinschaft der Genossenschaft eingebunden, die im Ernstfall, aber ausdrücklich betont im Ernstfall, unterstützend tätig wird. Der Grundsatz des Systems lautet „Hilfe zur Selbsthilfe", der auch das Versicherungswesen trägt. Dieses Prinzip der Gegenseitigkeit oder „Mutualität" wurde von der Aktiengesellschaft in den Schatten gestellt, die auch als die eigentliche Rechtsform des Kapitalismus gilt.

Übersehen wurde in der Entwicklung, dass beide Rechtsformen unverzichtbar sind. Die Aktiengesellschaft kommt dem Kapitalisten entgegen, der die Möglichkeiten des Marktes zur Steigerung der Gewinne nützt und nützen soll. Die Genossenschaft sorgt für die Nachhaltigkeit, die längerfristige Absicherung des Einzelnen.

Erfreulich ist, dass eine Kombination der beiden Prinzipien immer wieder anzutreffen ist. Genossenschaften oder Versicherungen auf Gegenseitigkeit, die ihre Geschäftsbetriebe in Aktiengesellschaften auslagern, aber als Genossenschaften oder Vereine Hauptaktionäre der Unternehmen bleiben. Auf diese Weise ist für eine konstruktive Spannung zwischen dem Gewinnstreben und der Nachhaltigkeit gesorgt.

Dieses Maß des Kapitalismus sollte sich auch im Rahmen der weltweit immer einflussreicher werdenden Pensionsfonds durchsetzen: Die Fonds müssen im Interesse ihrer Pensionisten und Pensionsanwärter auf größtmögliche Gewinne pochen, sie müssen aber auch daran denken, dass die Mitarbeiter, die vielleicht aufgrund ihrer Forderung nach höheren Ausschüttungen gekündigt werden, auch jene sein können, die die Fondsbeiträge zahlen.

Der Kampf gegen den Kapitalismus ist ein Kampf für den Menschen, nicht für einen idealen Menschen, der nach einer ideologischen Wunschvorstellung noch zu formen ist, sondern für den existierenden Menschen, der seine Möglichkeiten entfalten will und soll. Diese Freiheit der Entfaltung hat für jeden Menschen zu gelten, sodass folglich der eine die Grenze des anderen bildet.

Der Kampf gegen den Kapitalismus ist ein Kampf für den Humanismus.

>>Kurt Seinitz ist ein echter >Old China Hand<, der über einen bislang ungehobenen Schatz rarer Erkenntnisse über China verfügt, weil er bei seinen vielen Reisen auch Wege abseits der Trampelpfade sucht. Sein immer waches Interesse, seine journalistisch zupackende Art, die zum Wesentlichen führt, und nicht zuletzt sein Humor machen stets neugierig auf seine publizistischen Vorhaben<<

Prof. Dr. Gerd Kaminski

Kurt Seinitz

Vorsicht China!

Wie das Reich der Mitte unser Leben verändert

208 Seiten
36 farbige Fotos
Gebunden mit Schutzumschlag

ISBN-13: 978-3-902404-28-2
ISBN-10: 3-902404-28-0

Umwelt-Desaster! Bergwerks-Katastrophen! Dorf-Revolten! Turbo-Kapitalismus! Wirtschafts-Wunder! Export-Gigant! Glitzermetropole Shanghai! Olympia! Sturm an die Weltspitze! Arbeitslosigkeit in Europa! Alles ist China!

SPANNEND.
www.ecowin.at

Verzweiflung, Angst, Aggression.
Der Arbeitsplatz als Tatort

Thomas Müller

Gierige Bestie.

Erfolg. Demütigung. Rache.

200 Seiten
Gebunden mit Schutzumschlag

ISBN-13: 978-3-902404-32-9
ISBN-10: 3-902404-32-9

Am 10. Mai 2005 begann um 21:06 Uhr auf der Nordseite der Pont de la Machine, jener kleinen Eisenbrücke, die faktisch den Genfersee von der Rhône abtrennt, eine Verhandlung, in der es um das Schicksal von tausenden Menschen ging. Es ging um Informationen, die in die falschen Hände geraten waren und die unter gar keinen Umständen an die Öffentlichkeit gelangen durften. Knapp 2 Stunden später, am südlichen Ende der Brücke, endete das Gespräch in einem Desaster. Ab diesem Zeitpunkt blieben dem Kriminalpsychologen noch wenige Minuten, um jenes Gesetz zu finden, welches einen gekränkten, gedemütigten, verbitterten und hasserfüllten, hervorragend ausgebildeten EDV-Techniker davon abbringen konnte, eine Bombe zu zünden, die mit Sicherheit in mehreren Staaten zu gesellschaftlichen Veränderungen geführt hätte.

SPANNEND.
www.ecowin.at